Kinderleichte Weihnachtsbäckerei

Kinderleichte Weihnachtsbäckerei für kleine Leute

Kristiane Müller-Urban
Walter Steinbeck

FALKEN

Von derselben Autorin und demselben Illustrator ist bei FALKEN bereits erschienen:
Kinderleichte Kochrezepte für kleine Leute (4850)

Autorin und Verlag danken den Firmen Aurora, Backmittelinstitut/MPR, C. P. Fischer, Peter Kölln, Maizena, Schwartauer Werke, USA Sonnenblumenkerne für ihre freundliche Unterstützung.

Die Deutsche Bibliothek – CIP-Einheitsaufnahme

Kinderleichte Weihnachtsbäckerei für kleine Leute /
Text von Kristiane Müller-Urban. Ill. von Walter Steinbeck. –
Niedernhausen/Ts. : FALKEN, 1995
ISBN 3-8068-4849-1
NE: Müller-Urban, Kristiane; Steinbeck, Walter

ISBN 3 8068 4849 1

Umschlaggestaltung: Andreas Jacobsen
Titelbild: Walter Steinbeck, Fulda
Fotos: Aurora, München: Seite 12;
Backmittelinstitut/MPR, Hamburg: Seite 14, 16, 17;
CMA Butterschmalz, München: Seite 1, 24;
C. P. Fischer/Sabine Rieck, München: Seite 26;
Peter Kölln, Elmshorn: Seite 43, 46, 47, 48, 58, 59, 60;
Maizena Markenartikel GmbH, Heilbronn: Seite 15, 18, 19, 42;
Schwartauer Werke/Segmenta, Hamburg: Seite 2, 6/7, 20, 21, 22, 27, 34, 38, 39, 40, 41, 52, 53, 54, 55, 56, 62, 63;
TLC-Foto-Studio GmbH, Velen-Ramsdorf: Seite 32, 33, 36, 44, 45;
USA Sonnenblumenkerne, München: Seite 28, 30, 57, 61
Zeichnungen: Walter Steinbeck
Layout: Reckels, Schneider-Reckels, Weber, Wiesbaden
Redaktion: Simone Hoffmann
Herstellung: Michaela Krekel, Walter Steinbeck

Die Ratschläge in diesem Buch sind von Autorin und Verlag sorgfältig erwogen und geprüft, dennoch kann eine Garantie nicht übernommen werden. Eine Haftung der Autorin bzw. des Verlages und seiner Beauftragten für Personen-, Sach- und Vermögensschäden ist ausgeschlossen.

Satz: FROMM Verlagsservice GmbH, Selters/Ts.
Gesamtherstellung: Falken-Verlag GmbH, 65527 Niedernhausen/Ts.

817 2635 4453 6271

Inhaltsverzeichnis

Knusprige Leckereien aus Alfreds Backstube

Ab heute, Kinder, wird's was geben, nämlich Butterkekse und Sonnenblumenknacker, Schokoplätzchen und Hafergebäck. Und für die großen Backkünstler findet ihr außerdem in diesem tollen Buch einen vergnügten Weihnachtsmann zum Nachbacken, der auf einem Skateboard durch die Gegend tobt. Für solche sportlichen Spielchen bin ich, Alfred, das Nilpferd, zu schwer. Ich werkel lieber mit meinen Freunden, Antonella, der Schnecke, und Karlchen, der Maus, in der Küche. Wer hätte gedacht, daß ich einmal ein riesengroßer Plätzchen- und Lebkuchenbäcker werden würde? Früher habe ich immer meiner Mama beim Plätzchenbacken über die Schulter geschaut. Ja, und weil ich immer so aufmerksam war, wurden meine Plätzchen so berühmt, daß eines Tages Walter, der Künstler, und Kristiane, die Buchautorin, alle meine Knusperplätzchen probierten. Und hier ist es nun, mein erstes Kinder-Plätzchen-Backbuch, aufgeschrieben von Kristiane und hübsch und herzallerliebst von Walter gezeichnet, damit alle Kinder auch so feine Sachen backen können.

HE—
SKATEBOARD-NIKO,
NICHT SO SCHNELL!
SO BEKOMME ICH
DIE SCHABLONE
NIE FERTIG!

Willst du feine Plätzchen backen, brauchst du dazu viele Sachen

Teigroller
Mandelmühle
Schneidbrett
Gabel
Topf-
lappen
Spritzbeutel mit ver-
schiedenen Tüllen
Messer
verschieden
große und hohe
Schüsseln
Kuchengitter
Teig-
rädchen
Schere
Dosenöffner
Kochlöffel
Kochtopf

Alfreds Backkunde für junge Backkünstler

Bevor du mit dem Backen beginnst, lies dir das Rezept durch, und stell dir alle Zutaten und Küchengeräte, die du zum Backen brauchst, auf eine Arbeitsplatte. Damit deine Kunstwerke nicht auf dem Backblech festkleben, legst du am besten etwas Backpapier darunter. Das kann zwei- bis dreimal benutzt werden, bevor es so braun und verbrannt ist, daß du einen neuen Bogen dafür verwenden mußt.

Was du beim Backen immer brauchst, ist etwas Zeit, eine Schürze und praktische Arbeitskleidung. Damit du die Backzeit einhalten kannst, brauchst du stets eine Uhr, die sicherlich an irgendeiner Küchenwand hängt. Ansonsten sieh auf deine Armbanduhr, oder benutz einen Küchenwecker.

Die wichtigsten Zutaten bei fast allen Plätzchen sind Mehl, Haferflocken, Butter oder Margarine, Zucker (auch Puderzucker, brauner Zucker, Honig oder Rübensirup), Eier und Milch.

Einiges Gebäck braucht, damit es nicht zu hart wird, ein Backtreibmittel, z. B. Backpulver, Hirschhornsalz oder Pottasche. Weitere Zutaten für feine Plätzchen sind Kakaopulver oder geraspelte Schokolade, Rosinen, getrocknete Früchte wie Aprikosen, Datteln und Feigen, aber auch rote, gelbe und grüne Belegkirschen, Zitronat und Orangeat. Ganz wichtig bei der Plätzchenbäckerei sind die Aromen und Gewürze wie etwa Vanillezucker, Zimtpulver, Muskatblüte, Nelkenpulver, Aniskörner, Pimentpulver sowie Zitronen- und Orangenschale. Diese Schalen kannst du von unbehandelten Früchten mit einer kleinen Reibe direkt über den Teig streuen. Du kannst aber auch kleine Beutel mit diesen Aromastoffen kaufen.

Besonders feine Plätzchen enthalten oft noch Kokosraspel, gehackte oder geriebene Mandeln oder Haselnüsse, Sonnenblumenkerne oder Sesam. Haselnüsse und Mandeln kannst du ganz kaufen, aber auch bereits fein gemahlen oder gehackt.

Am meisten Spaß macht es natürlich, die gebackenen Plätzchen zu verzieren. Dafür gibt es fertige helle und dunkle Kuchenglasuren. Viele Glasuren kannst du auch selber mit fein gesiebtem Puderzucker, Eiweiß, Wasser oder Fruchtsaft anrühren. Richtig bunt wird es erst mit Lebensmittelfarben. Diese findest du, wie viele andere Backzutaten, im Handel. Die fertig überzogenen Plätzchen kannst du zusätzlich mit Hagelzucker, Kokosraspeln, gehackten Haselnüssen oder Mandeln, Sonnenblumenkernen, Sesam, Mohn und Leinsamen bestreuen. Es gibt aber auch kleine Röhrchen mit fertigem süßem Gebäckschmuck zu kaufen.

Abkürzungen in diesem Buch:

TL	= Teelöffel
EL	= Eßlöffel
P.	= Päckchen, Paket
Msp.	= Messerspitze
Btl.	= Beutel
Pr.	= Prise
g	= Gramm

Richtig abmessen und wiegen

Bei der Zubereitung des Teiges mußt du die angegebenen Mengen genau abmessen. Dazu benutzt du
einen Meßbecher
eine Küchenwaage
eine Kaffeetasse
einen Teelöffel
einen Eßlöffel
ein Messer

Wenn in diesem Buch von 1 Teelöffel Butter oder 1 Eßlöffel Mehl die Rede ist, dann bedeutet das nicht, daß diese Backzutat dick gehäuft auf dem Löffel liegt. Vielmehr ist die Menge gemeint, die ganz flach in der Löffelmulde liegt. Eine Prise ist die Menge, die zwischen Daumen und Zeigefinger paßt. Eine Messerspitze ist immer etwas mehr als eine Prise.

Keine Plätzchen ohne Backofen

Weil das Arbeiten mit einem Backofen schwieriger ist als das Kochen auf den Herdplatten, sollte dir dabei immer ein Erwachsener helfen. Er kann die richtige Temperatur einschalten und zeigt dir, wie die Backofentür auf und zu geht. Außerdem sagt er dir, wie du die Backbleche richtig hineinschiebst und wieder herausholst.

Jeder Backofen hat verschiedene Schienen, in die der Rost oder das Blech eingeschoben wird. Die zweite Schiene von unten ist immer richtig.

Alfred rät

Wenn du für eine Teigzubereitung auf dem Herd etwas erhitzen mußt, dann laß die Stiele und Griffe nie über den Herdrand hinausragen. Du kannst sonst leicht daran stoßen, und der heiße Topfinhalt ergießt sich über deine Kleider.

Leg dir immer ein Paar Topflappen bereit, nur damit kannst du das heiße Blech aus dem Ofen holen. Und damit du die Arbeitsplatte nicht ruinierst, verwende ein Holzbrett.

Wenn du Plätzchen backst, renn nicht gleich aus der Küche zum Telefon oder an die Tür. Stell zuvor lieber den Herd aus.

Du kannst dir gar nicht vorstellen, wie schnell das Gebäck verbrennt.

Und wenn du mit dem Plätzchenbacken fertig bist, sieh nach, ob du den Herd auch ausgeschaltet hast.

Wohin mit den Plätzchen, wenn du sie nicht alle auf einmal essen kannst? Am besten schichtest du sie vorsichtig in Blechdosen und lagerst diese dann in einem kühlen Raum, aber nicht im Kühlschrank, sondern eher in einer Vorratskammer oder eventuell im Keller. Plätzchen ohne Schokoladenglasur oder Zuckerguß kannst du auch einfrieren.

Halt, beinahe hätte ich es vergessen: Nach dem Backen ist natürlich die Reinigung der Küche angesagt.

Zitronensterne

Für 2 Backbleche

Das sind die Zutaten:
200 g Butter
400 g Mehl
120 g Zucker
2 Eier, Saft ½ Zitrone
4 P. Zitronenaroma
1 P. Vanillezucker
3 TL Zitronensaft
1 Pr. Salz, etwas Mehl
2 Eigelbe
2 EL süße Sahne
100 g Hagelzucker

Diese Dinge sollten nicht fehlen:
1 Küchenwaage
1 Zitruspresse
1 kleines Messer
1 große Backschüssel
1 Küchenschere
Klarsichtfolie, 1 Teigroller
Sternen-Ausstecher
1 kleines Schälchen
Backpapier
1 Küchenpinsel
2 Backbleche
2 Topflappen
1 Untersetzer
1 Kuchengitter

1. Bevor du den Teig kneten kannst, wieg zunächst die Butter, das Mehl und den Zucker ab. Alle anderen Zutaten legst du vor dich auf die Arbeitsplatte. Von einer frischen Zitrone drückst du zunächst einmal eine Hälfte aus.

2. Nun schneid die Butter in kleine Stückchen und leg sie in die Backschüssel. Dann streu das abgemessene Mehl und den Zucker darüber.

3. Die beiden Eier schlägst du am Schüsselrand in der Mitte auf und läßt Eigelb und Eiweiß über das Mehl gleiten. Füg nun das Zitronenaroma und den Vanillezucker sowie den Zitronensaft und das Salz dazu.

4. Den Teig knetest du am besten mit deinen Händen, aber nicht zu lange, sonst wird er matschig. Knet aber so lange, bis alle Zutaten miteinander vermischt sind und du den Teig zu einer glatten Kugel formen kannst.

5. Hol dir ein Stückchen Klarsichtfolie, schlag den Teig darin ein, und leg ihn anschließend mindestens 60 Minuten in den Kühlschrank.

6. Nach 1 Stunde holst du den Teig wieder aus dem Kühlschrank und läßt ihn in der Küche 15 Minuten ruhen. Dadurch ist er etwas weicher geworden und du kannst ihn besser ausrollen.

7. Bestreu deine Arbeitsplatte mit etwas Mehl, und roll den Teig mit dem Teigroller etwa 4 Millimeter dick aus. Das ist ungefähr so dick wie dein Schulheft.

8. Wenn du große und kleine Plätzchenausstecher in Sternenform findest, kannst du verschieden große Plätzchen backen. Tauch das Förmchen in etwas Mehl, und stich nacheinander die Sterne aus.

9. Leg zwei Backbleche mit je einem Bogen Backpapier aus, und gib die Sternchen darauf. Aber nicht zu dicht beieinander, weil die Plätzchen im Ofen später noch etwas auseinanderlaufen.

10. Verrühre die beiden Eigelbe mit der Sahne (oder der Dosenmilch) in dem kleinen Schälchen, und bestreich mit dem Küchenpinsel die Oberfläche. Streu dann etwas von dem weißen Hagelzucker darüber, und schieb das Blech in den vorgeheizten Backofen bei 200 Grad (Gas: Stufe 3).

11. Nach 8 Minuten schaust du nach, ob die Plätzchen goldgelb sind. Wenn nicht, läßt du sie 2 weitere Minuten backen.

12. Dann holst du mit dem Topflappen das Backblech aus dem Ofen und stellst es auf den Untersetzer. Schieb das zweite Blech hinein, und schau wieder nach 8 Minuten nach, ob die Plätzchen fertig sind.

13. Laß die Plätzchen 10 Minuten auf dem Backblech, dann kannst du sie zum Auskühlen auf ein Kuchengitter legen. Anschließend verschließt du sie am besten in einer großen Blechdose.

Heidesand

Für 1 Backblech

Das sind die Zutaten:

240 g Butter
210 g Zucker
1 EL Milch
2 P. Vanillezucker
340 g Mehl
Hagelzucker

Diese Dinge sollten nicht fehlen:

1 Küchenwaage
1 kleiner Topf
1 kleine Schüssel
1 große Rührschüssel
1 elektrischer Küchenquirl
1 Eßlöffel
Klarsichtfolie
1 Messer, Backpapier
2 Topflappen
1 Backblech

1. Bevor diese feinen, mürben Plätzchen deinen Gaumen kitzeln, such dir erst alle Zutaten zusammen, wieg sie ab, und gib dann die Butter in den kleinen Topf.

2. Bei mittlerer Temperatur läßt du die Butter in dem Töpfchen langsam schmelzen. Wenn sie anfängt braun zu werden, stellst du den Topf neben den Herd und wartest, bis das Fett etwas abgekühlt ist. Dann gieß es in die kleine Schüssel.

3. Wenn die braune Butter wieder fest geworden ist, löffelst du sie in die große Rührschüssel und rührst die Butter mit dem elektrischen Küchenquirl sehr schaumig.

4. Streu den Zucker über die Butter, gib die Milch und den Vanillezucker hinzu, und rühr alles so lange, bis die Masse sehr schaumig geworden ist.

5. Nun kommt noch das Mehl hinzu, kurz unterrühren. Dann formst du aus dem Teig zwei Rollen, die etwa 3 Zentimeter dick sind. Die Teigrollen wickelst du in die Klarsichtfolie und läßt den Teig im Kühlschrank 60 Minuten ruhen.

6. Streu etwas Hagelzucker auf die Klarsichtfolie, und roll den Teig hin und her.

7. Mit dem Messer schneidest du von den Teigrollen etwa 0,5 Zentimeter dicke Scheibchen ab und legst sie auf das mit Backpapier ausgelegte Backblech.

8. Back nun die Plätzchen im vorgeheizten Ofen bei etwa 180 Grad (Gas: Stufe 2) 12 bis 15 Minuten.

Butter-plätzchen

Für 1 Backblech

Das sind die Zutaten:

300 g Mehl
50 g Speisestärke
1 TL Backpulver
250 g Butter
100 g Zucker
1 Ei
1 Pr. Salz
2–3 EL süße Sahne

Diese Dinge sollten nicht fehlen:

1 Küchenwaage
1 große Rührschüssel
1 Rührlöffel
1 TL
1 kleines Messer
1 Eßlöffel
Backpapier
1 Backblech
1 Spritzbeutel
2 Topflappen

1. Wenn du alle Zutaten für diese Plätzchen vor dir liegen hast, mußt du das Mehl, die Speisestärke und den Zucker abwiegen.

2. Nun misch das Mehl mit der Speisestärke und dem Backpulver in der Schüssel.

3. Schneid von der Butter kleine Flöckchen ab, und gib sie zusammen mit dem Zucker, dem Ei und dem Salz sowie der süßen Sahne über das Mehl. Knet mit beiden Händen daraus einen Teig.

4. Leg das Backblech mit einem Bogen Backpapier aus, und füll den Teig in den Spritzbeutel. Nun spritz kleine Häufchen auf das Backblech. Im vorgeheizten Backofen bei 200 Grad (Gas: Stufe 3) 10 bis 12 Minuten backen.

Vanille-kipferl

Für 2 Backbleche

Das sind die Zutaten:
250 g Mehl
2 Eigelbe
80 g Zucker
1 P. Vanillezucker
2 Pr. Salz
100 g gemahlene Mandeln
200 g kalte Butter
etwas Mehl zum Bearbeiten
2 P. Vanillezucker
50 g Puderzucker

Diese Dinge sollten nicht fehlen:
1 Küchenwaage
1 Rührschüssel
Klarsichtfolie
2 Backbleche
Backpapier
1 kleines Messer
1 Suppenteller
1 kleines Sieb
2 Topflappen

1. Für diese österreichische Spezialität wiegst du zunächst alle Zutaten ab. Dann gib das Mehl, die beiden Eigelbe, den Zucker, den Vanillezucker, das Salz, die gemahlenen Mandeln und die Butterflöckchen in die Schüssel. Verknet alles mit deinen Händen zu einem glatten Teig.

2. Roll den Teig in etwas Klarsichtfolie ein, und leg ihn für 60 Minuten in den Kühlschrank.

3. Streu etwas Mehl auf deine Arbeitsfläche, und leg auf jedes Backblech einen Bogen Backpapier.

4. Nun schneid mit dem Messer aus dem Teig etwa walnußgroße Kugeln heraus, und roll sie auf deiner bemehlten Arbeitsfläche zu fingerdicken Rollen. Anschließend biegst du die Rollen zu Kipferln und gibst sie auf das Backblech.

5. Die Kipferl werden im vorgeheizten Backofen bei circa 200 Grad (Gas: Stufe 3) 10 bis 12 Minuten gebacken.

6. In dem Suppenteller mischst du den Vanillezucker mit dem gesiebten Puderzucker.

7. Wenn die Plätzchen goldgelb gebacken sind, läßt du sie soweit abkühlen, daß du sie anfassen kannst. Anschließend drückst du sie mit der runden Oberfläche kurz in die Zuckermischung. Fertig sind die knusprigen Vanillekipferl.

Zebra-streifen

Für 1 Backblech

Das sind die Zutaten:
200 g Mehl
120 g Zucker
175 g weiche Butter
2 EL Kakao
1 EL Zucker
1 EL Milch
etwas Mehl

Diese Dinge sollten nicht fehlen:
1 Küchenwaage
1 Rührschüssel
Klarsichtfolie
1 Eßlöffel
Backpapier
1 Backblech
1 Teigroller
1 Messer
2 Topflappen

1. Diese lustigen Plätzchen sind einfacher zu backen, als du jetzt vielleicht denkst. Wieg zunächst alle Zutaten ab, und stell sie bereit.

2. Nun gib das Mehl, den Zucker und die in Flöckchen zerteilte Butter in die Schüssel, und knet alles mit den Händen zu einem glatten Teig. Teil den Teig in zwei Stücke.

3. Die eine Teighälfte wickelst du in etwas Klarsichtfolie und legst sie für 60 Minuten in den Kühlschrank.

4. Das andere Stück Teig mischst du mit dem Kakao, dem Zucker und der Milch. Anschließend wird auch dieser Teig in Klarsichtfolie gewickelt und 60 Minuten kalt gestellt.

5. Leg einen Bogen Backpapier auf das Backblech, und streu etwas Mehl auf deine Arbeitsplatte. Roll zunächst den hellen Teig zu einem Viereck aus.

6. Streu auf die Arbeitsplatte noch etwas Mehl, und roll nun auch den Schokoladenteig genauso groß und dick aus.

7. Leg den dunklen Teig auf den hellen. Nun schneid die Teigplatten einmal durch, und leg eine Hälfte auf die andere, so daß jetzt vier Teigschichten übereinanderliegen. Schlag den Teig noch einmal in etwas Klarsichtfolie ein, und stell ihn 30 Minuten kalt. Nun kannst du den gestreiften Teig in etwa 0,5 Zentimeter dicke Scheiben schneiden, die du auf das Backblech legst.

8. Dann ab damit in den heißen Ofen. Gebacken wird bei 180 Grad (Gas: Stufe 2) 10 bis 12 Minuten.

Apfel-schnecken

Für 1 Backblech

Das sind die Zutaten:
50 g getrocknete Apfelringe
4 EL Apfelsaft
100 g Pinienkerne oder Mandelstifte
200 g Mehl
50 g Speisestärke
1 Ei
50 g Zucker
100 g Butter
2 EL Apfelkraut

Diese Dinge sollten nicht fehlen:
1 Küchenwaage
1 Schälchen
1 Eßlöffel
1 kleine Pfanne
1 Rührschüssel
1 großes Messer
1 Schneidbrett
Klarsichtfolie
1 Teigroller
1 Küchenpinsel
Backpapier
1 Backblech
2 Topflappen

1. Wenn du dir alle Zutaten für diese fruchtigen Schnecken zusammengesucht hast, wiegst du sie entsprechend den Angaben in dem Rezept ab und würfelst zunächst die getrockneten Apfelringe. Leg sie in das Schälchen, und gieß den Apfelsaft darüber.

2. Während die Apfelringe in dem Apfelsaft schwimmen, kippst du die Pinienkerne (oder die Mandelstifte) in die Pfanne und röstest sie bei mittlerer Hitze goldgelb.

3. Eine Hälfte der Kerne gibst du in die Rührschüssel, die andere schneidest du mit dem Messer auf dem Schneidbrett nicht zu fein.

4. Nun streu das Mehl und die Speisestärke über sie, gib das Ei, den Zucker, die Butter und die eingeweichten Apfelringe dazu. Dann verknetest du alles sehr gründlich zu einem glatten Teig.

5. Roll den Teig sorgfältig in Klarsichtfolie, und leg ihn für mindestens 30 Minuten in den Kühlschrank.

6. Jetzt deck deine Arbeitsfläche mit zwei Bogen Klarsichtfolie ab, leg den Teig darauf, und roll ihn zu einem ungefähr 30 x 35 Zentimeter großen Rechteck aus.

7. Bestreich die Teigoberfläche mit dem Apfelkraut und streu die kleingeschnittenen Kerne darüber.

8. Von der breiten Seite her rollst du den Teig auf und stellst ihn in Klarsichtfolie gewickelt für 30 Minuten kalt.

9. Nun schneid die Teigrolle in knapp 1 Zentimeter dicke Scheiben. Leg einen Bogen Backpapier aufs Backblech, gib die Schneckchen darauf, und back sie im vorgeheizten Backofen bei 200 Grad (Gas: Stufen 3) 25 bis 30 Minuten.

Kokos-monde

Für 1 Backblech

Das sind die Zutaten:

200 g Mehl
50 g Speisestärke
50 g Kokosflocken
1 Ei
100 g Zucker
200 g Butter
1 P. Orangenaroma
1 Pr. Salz
1 Pr. Zimt
1 Eigelb
1 EL Milch
4 EL Kokosflocken

Diese Dinge sollten nicht fehlen:

1 Küchenwaage
1 Rührschüssel
Klarsichtfolie
1 Teigroller
Backpapier
Mond-Ausstecher
1 Backblech
1 Untertasse, 1 Eßlöffel
1 Küchenpinsel
2 Topflappen

1. Bevor du mit deinen Händen so richtig in der Teigschüssel arbeiten kannst, suchst du dir alle Zutaten, wiegst sie aus und gibst dann das Mehl, die Speisestärke, die Kokosflocken, das Ei, den Zucker, die Butter, das Orangenaroma sowie das Salz und den Zimt in die Rührschüssel. Dann verknetest du alles zu einem glatten Teig.

2. Wickel nun die Teigkugel in ein Stückchen Klarsichtfolie, und laß sie im Kühlschrank 30 Minuten ruhen.

3. Halbier den Teig, und roll ihn auf Klarsichtfolie etwa 3 Millimeter dick aus. Anschließend stich daraus viele kleine Monde aus.

4. Leg einen Bogen Backpapier auf das Backblech, und setz die Monde nicht zu dicht nebeneinander darauf.

5. Verrühr in der Untertasse das Eigelb mit der Milch, und bestreich damit die Mondoberflächen. Streu sofort ein paar Kokosflocken darüber und schieb das Blech mit den Kokosmonden in den vorgeheizten Ofen. Gebacken wird bei 220 Grad (Gas: Stufe 4) 8 bis 10 Minuten.

Bunte Anisplätzchen

Für 2 Backbleche

Das sind die Zutaten:
300 g Mehl
150 g Butter
4 Eigelbe
40 g Zucker
1 TL gemahlener Anis
1 Btl. Zitronenkuchenglasur
Lebensmittelfarben in Rot und Blau
Gebäckschmuck
bunte Zuckerstreusel

Diese Dinge sollten nicht fehlen:
1 Küchenwaage
1 Teelöffel
1 Rührschüssel
Klarsichtfolie
1 Teigroller
Backpapier
2 Backbleche
Ausstechförmchen
1 kleiner Topf
3 Tassen
1 Küchenpinsel
2 Topflappen

1. Such dir zunächst alle Zutaten, wieg sie ab, und misch anschließend das Mehl mit der Butter, den Eigelben, dem Zucker sowie dem gemahlenen Anis in einer Schüssel.

2. Wickel den Teig in Klarsichtfolie, und laß ihn 60 Minuten im Kühlschrank ruhen.

3. Teil den Teig, und roll ihn zwischen Klarsichtfolie etwa 4 Millimeter dick aus. Leg je einen Bogen Backpapier auf die Backbleche, und stich aus dem Teig Herzen, Sterne, Sternschnuppen, Wolken und Monde aus. Leg sie nicht zu dicht auf die Backbleche, und schieb sie nacheinander in den vorgeheizten Ofen. Gebakken wird bei 200 Grad (Gas: Stufe 3) 10 bis 12 Minuten.

4. Heb dann die Backbleche nacheinander aus dem heißen Backofen, und laß die Plätzchen abkühlen.

5. In der Zwischenzeit gibst du etwas Wasser in den kleinen Topf und läßt die Kuchenglasur nach Packungsaufschrift darin schmelzen.

6. Gieß nun in jede Kaffeetasse etwas Zitronenglasur. Eine Portion läßt du weiß. Eine Hälfte färbst du mit ganz wenig roter Speisemittelfarbe rosa. Den Rest färbst du hell- oder dunkelblau, wie es dir gefällt.

7. Bestreich nun deine Plätzchen mit weißer, rosa oder blauer Glasur, und garnier sie mit dem Gebäckschmuck.

Feine Zimt-blätter

Für 2 Backbleche

Das sind die Zutaten:
375 g Mehl
150 g Butter
170 g Zucker
1 P. Vanillezucker
1 Ei
2 EL Milch
1 Btl. Zitronenaroma
1 Btl. Zimtaroma oder
1 TL Zimtpulver
150 g Halbbitterkuvertüre

Diese Dinge sollten nicht fehlen:
1 Küchenwaage
1 Rührschüssel
Klarsichtfolie
Ausstechförmchen oder
1 Messer
1 Eßlöffel
1 Teigroller
Backpapier
2 Backbleche
1 kleine Schüssel
1 Kuchengitter
2 Topflappen

1. Zunächst mußt du alle Zutaten abwiegen. Dann mischst du in der Rührschüssel das Mehl mit der Butter, dem Zucker, dem Vanillezucker, dem Ei, der Milch, dem Zitronen- und Zimtaroma (oder dem Zimtpulver).

2. Verknet alles zu einem glatten Teig, und roll ihn in Klarsichtfolie. Der Teig muß nun mindestens 60 Minuten im Kühlschrank ruhen.

3. Jetzt kannst du den Teig halbieren und rollst ihn zwischen Klarsichtfolie etwa 0,5 Zentimeter dick aus. Stich mit den Ausstechförmchen Rechtecke aus, oder schneid sie mit dem Messer zurecht.

4. Leg je einen Bogen Backpapier auf die Backbleche, und setz die Plätzchen obendrauf.

5. Back die Zimtblätter nun nacheinander im vorgeheizten Backofen bei 200 Grad (Gas: Stufe 3) 12 bis 15 Minuten.

6. Inzwischen kannst du die Kuvertüre nach Packungsanleitung in der Schüssel erwärmen.

7. Hol die fertigen Plätzchen aus dem Ofen und laß sie abkühlen. Dann tauchst du eine Hälfte in die flüssige Kuvertüre und läßt die Plätzchen auf einem Kuchengitter trocknen.

Omas Himbeertörtchen

Für 2 Backbleche

Das sind die Zutaten:

350 g Mehl
60 g Puderzucker
60 g Zucker
250 g Butter
2 EL Kakao
1 TL Zimtpulver
½ TL Nelkenpulver
1 Eigelb
1 Glas Himbeerkonfitüre
200 g Puderzucker
1 Eiweiß
bunte Belegkirschen oder Gummibärchen

Diese Dinge sollten nicht fehlen:

1 Küchenwaage
1 Rührschüssel
1 Eßlöffel, 1 Teelöffel
2 kleine Schälchen
Klarsichtfolie
1 kleiner Gefrierbeutel
1 Messer, 1 Schneidbrett
1 Teigroller
runde Ausstechförmchen
Backpapier
2 Backbleche
2 Topflappen, 1 Schere

1. Such dir zunächst alle Zutaten zusammen, und wieg sie nacheinander ab.

2. Misch dann das Mehl mit dem Puderzucker, dem Zucker, der Butter, dem Kakao, dem Zimt und dem Nelkenpulver sowie dem Eigelb in einer Schüssel. Verknet alles zu einem glatten Teig.

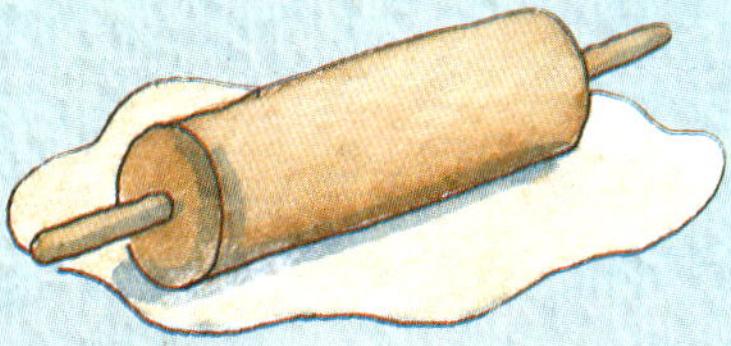

3. Roll nun den Teig in ein Stückchen Klarsichtfolie ein, und leg ihn anschließend für mindestens 60 Minuten in den Kühlschrank.

4. Während der Teig im Kalten immer fester wird, kannst du die Himbeerkonfitüre schon einmal in dem kleinen Schälchen verrühren.

5. Für die feine Garnierung siebst du den Puderzucker in ein kleines Schälchen und mischst den Zucker mit dem Eiweiß.

6. Den dicken, weißen Brei gibst du schon mal in den Gefrierbeutel.

7. Die bunten Belegkirschen, und zwar jeweils 5 rote, 5 grüne und 5 gelbe, zerkleinerst du auf dem Brett mit dem Messer.

8. Nun dürfte die Stunde rum sein. Du kannst den Teig aus dem Kühlschrank holen. Teil ihn in zwei Hälften, und roll eine Hälfte zwischen Klarsichtfolie 0,5 Zentimeter dick aus.

9. Anschließend stichst du mit den Ausstechförmchen runde Kreise aus.

10. Leg möglichst sorgfältig je einen Bogen Backpapier auf ein Backblech, und setz die runden Kreise nicht zu dicht nebeneinander darauf.

11. Schieb nun ein Backblech nach dem anderen in die zweite Schiene von unten des vorgeheizten Backofens, und back die Plätzchen bei ungefähr 200 Grad (Gas: Stufe 3) mindestens 10 bis 12 Minuten.

12. Hol das Blech mit den Plätzchen aus dem Ofen – am bestem mit zwei Topflappen –, und laß sie abkühlen.

13. Dann bestreichst du eine Hälfte der Kreise mit etwas Himbeerkonfitüre. Die anderen abgekühlten Plätzchen läßt du erst einmal auf dem Blech liegen und schneidest nun mit der Schere an einer Ecke des gefüllten Gefrierbeutels ein winziges Loch.

14. Halt mit einer Hand den Gefrierbeutel oben fast zu, mit der anderen drückst du ganz vorsichtig und bewegst den Gefrierbeutel dabei mit dem Zuckerguß über den Plätzchen schnell hin und her, damit sich der Guß gleichmäßig verteilt.

15. Bevor der Zuckerguß fest wird, klebst du ein paar Stückchen von den roten, grünen und gelben Belegkirschen auf die Plätzchen.

16. Wenn der Zuckerguß etwas angetrocknet ist, drückst du deine verzierten Plätzchen auf die Plätzchen, die du vorher mit der Himbeerkonfitüre bestrichen hast.

17. Laß das Gebäck am besten über Nacht trocknen, und schichte es dann vorsichtig in Blechdosen, die am besten kühl aufbewahrt werden.

Schoko-happen

Für 2 Backbleche

Das sind die Zutaten:

150 g weiches Butterschmalz
100 g Puderzucker
2 Eier
1 P. Vanillezucker
40 g Halbbitterkuvertüre
100 g Mehl
50 g gemahlene Mandeln
4 EL Aprikosenmarmelade
160 g Halbbitterkuvertüre
40 Pistazien oder Mandeln

Diese Dinge sollten nicht fehlen:

1 Küchenwaage
1 Rührschüssel
1 elektrischer Küchenquirl
1 Messer
1 Schneidbrett
2 Schälchen
1 kleiner Kochtopf
1 Spritzbeutel
Backpapier
2 Backbleche
Alufolie
Kuchengitter
2 Topflappen

1. Du magst gerne Schokolade? Dann sind das genau die richtigen Plätzchen für dich. Such dir alle Zutaten zusammen, und wieg sie aus.

2. Gib nun das weiche Butterschmalz, den Puderzucker, die Eier und den Vanillezucker in die Schüssel, und rühr alles mit dem elektrischen Küchenquirl sehr schaumig.

3. Das kleine Stückchen Kuvertüre hackst du mit dem Messer auf dem Schneidbrett in große Stücke und legst diese in eine kleine Schüssel.

4. Setz nun die Schüssel in den Kochtopf, und gieß vorsichtig Wasser in den Topf. Bring das Ganze zum Kochen. Du wirst sehen, ganz langsam löst sich die Kuvertüre auf. Wenn sie flüssig ist, gibst du die Schokolade über den schaumigen Teig und mischst alles sehr gründlich miteinander.

5. Fehlt nur noch das Mehl und die Mandeln. Gib beides hinzu, rühr alles noch einmal um, und füll den feinen Teig in den Spritzbeutel.

6. Leg je einen Bogen Backpapier auf die Backbleche, und spritz mit großem Abstand kleine Häufchen auf die Bleche. Schieb nun ein Backblech nach dem anderen in den vorgeheizten Backofen, und back die Plätzchen bei 200 Grad (Gas: Stufe 3) 12 bis 15 Minuten.

7. Während die Plätzchen noch im Backofen sind, kannst du schon einmal die Aprikosenmarmelade in einem Schälchen verrühren.

8. Sobald deine Plätzchen gar sind, deck deine Arbeitsplatte mit etwas Alufolie ab, und stell ein Kuchengitter darüber. Darauf legst du jetzt deine fertigen Plätzchen und läßt sie dann abkühlen.

9. Bestreich mit dem Küchenpinsel die Oberfläche des Gebäcks dünn mit der Aprikosenmarmelade.

10. Das große Stückchen Kuvertüre mußt du wieder auf dem Schneidbrett mit dem Messer grob schneiden und wie vorher in der kleinen Schüssel in kochendem Wasser langsam auflösen.

11. Wenn die Kuvertüre flüssig ist, streichst du mit dem Küchenpinsel die Schokolade dünn auf deine Plätzchen und drückst sofort eine grüne Pistazie oder eine geschälte Mandel in die Mitte. Erst wenn die Kuvertüre fest geworden ist, kannst du die Happen in eine Dose legen.

Spitzbübchen

Für 2 Backbleche

Das sind die Zutaten:
300 g Mehl
150 g Butter
120 g Zucker
1 Ei
1 Pr. Salz
1 P. Vanillezucker
½ Glas Hagebuttenkonfitüre oder eine andere rote Sorte
3 EL Zitronensaft
160 g Puderzucker

Diese Dinge sollten nicht fehlen:
1 Küchenwaage
1 Rührschüssel
Klarsichtfolie
2 kleine Schälchen
1 Zitruspresse
1 kleines Sieb
1 Schneebesen
1 Teigroller
Backpapier
2 Backbleche
runde Ausstechförmchen
2 Topflappen
1 Küchenpinsel

1. Für den Teig schüttest du das Mehl in die Rührschüssel, gibst in Flöckchen die Butter dazu, streust den Zucker hinein, schlägst das Ei darüber. Dann würzt du das Ganze mit Salz und Vanillezucker.

2. Knet alles so lange, bis sich die Zutaten vermischt haben. Roll die Teigkugel in Klarsichtfolie, und leg sie für 60 Minuten in den Kühlschrank.

3. In der Zwischenzeit kannst du etwas Hagebuttenkonfitüre in einem Schälchen verrühren.

4. Für den Zitronenguß preßt du eine halbe Zitrone aus und siebst den Puderzucker in ein anderes Schälchen. Gib nun ganz wenig Zitronensaft zu dem Puderzucker, und rühr alles zu einem dicken Brei.

5. Nun holst du den Teig wieder aus dem Kühlschrank, teilst ihn in zwei Hälften und rollst zunächst die eine Hälfte zwischen Klarsichtfolie sehr dünn aus. Leg auf jedes Backblech einen Bogen Backpapier.

6. Mit einem runden Ausstecher stichst du kleine Kreise aus und legst sie auf das Backblech.

7. Nun roll auch den anderen Teig aus, und stich Kreise aus. Such dir in der Küche einen Gegenstand, mit dem du aus den Kreisen ein kleines Loch ausstanzen kannst, so daß du Ringe erhältst. Dafür eignet sich zum Beispiel ein Apfelausstecher oder ein Fingerhut.

8. Schieb ein Blech nach dem anderen in den vorgeheizten Backofen, und back deine Plätzchen bei 200 Grad (Gas: Stufe 3) 15 bis 18 Minuten.

9. Hol die fertigen Plätzchen aus dem Backofen, und laß sie abkühlen. Dann bestreichst du die runden Plätzchen mit etwas Konfitüre und die Ringe mit der Zitronenglasur. Nun mußt du nur noch die Ringe auf die Kreise setzen. – und fertig sind deine Spitzbübchen.

Husaren-krapfen

Für 2 Backbleche

Das sind die Zutaten:
200 g Butter
100 g Zucker
2 Eigelbe
1 P. Vanillezucker
1 Pr. Salz
300 g Mehl
100 g gemahlene Haselnüsse
2 P. rote Belegkirschen
etwas Dekorschnee oder Puderzucker

Diese Dinge sollten nicht fehlen:
1 Küchenwaage
1 Rührschüssel
Klarsichtfolie
2 Backbleche
Backpapier
1 kleines Messer
1 Schneidbrett
2 Topflappen

1. Such dir alle Zutaten zusammen, wieg sie aus, und gib die Butter, den Zucker, die Eigelbe, den Vanillezucker, das Salz, das Mehl und die gemahlenen Haselnüsse in die Schüssel. Dann verknetest du alles zu einem glatten Teig.

2. Damit sich der Teig besser ausrollen läßt, wickelst du ihn in etwas Klarsichtfolie und legst ihn für 60 Minuten in den Kühlschrank.

3. Inzwischen kannst du schon mal die beiden Backbleche mit je einem Bogen Backpapier auslegen.

4. Die roten Belegkirschen schneidest du einmal in der Mitte durch.

5. Nach 1 Stunde, wenn der Teig schön fest geworden ist, formst du daraus viele walnußgroße Kugeln.

6. Nun mußt du mit einem Finger in der Mitte jeder Kugel eine kleine Vertiefung drücken, worein du eine halbe Kirsche legst.

7. Setz die Husarenkrapfen nebeneinander auf die Backbleche, und back sie nacheinander im vorgeheizten Backofen bei 200 Grad (Gas: Stufe 3) 12 bis 15 Minuten.

8. Wenn die Husarenkrapfen abgekühlt sind, kannst du sie mit Dekorschnee oder mit etwas Puderzucker bestäuben.

Sonnen-blumen-knacker

Für 10 große Knusper-plätzchen

Das sind die Zutaten:

100 g Zucker
100 g Butter
1 Ei
300 g Mehl
80 g Zucker
40 g Honig
80 g süße Sahne
40 g Butter
150 g Sonnenblumenkerne
Butter für die Förmchen

Diese Dinge sollten nicht fehlen:

1 Küchenwaage
1 Rührschüssel
Klarsichtfolie
1 Teigroller
10 runde Kuchenförmchen (Durchmesser etwa 8 Zentimeter)
1 Küchenpinsel
1 kleiner Topf
1 Rührlöffel
1 Eßlöffel
2 Topflappen

1. Diese knackigen Knuspertaler sind wirklich ganz schnell hergestellt. Wenn du alle Zutaten beisammen hast, wieg sie erst einmal genau nacheinander ab, und gib anschließend zunächst den Zucker, die Butter, dann das Ei und das Mehl in die Rührschüssel.

2. Mit beiden Händen verknetest du alle Zutaten so lange, bis sie sich gut miteinander vermischt haben.

3. Roll den Teig in etwas Klarsichtfolie ein, und leg ihn für etwa 60 Minuten in den Kühlschrank.

4. Inzwischen kannst du ja schon den knusprigen Belag herstellen. Dafür gib den Zucker, den Honig, die süße Sahne und die Butter in den kleinen Kochtopf, und bring alles bei mittlerer Hitze zum Kochen. Laß diese süße Sauce 5 Minuten köcheln. Dann streu die Sonnenblumenkerne hinein, und rühr alles um. Stell den Topf mit der Sonnenblumenmasse neben den Herd.

5. Nun kannst du den Teig wieder aus dem Kühlschrank nehmen und ihn in zehn gleich große Stücke teilen. Jedes kleine Teigstück rollst du zwischen etwas Klarsichtfolie rund aus, und zwar schon in der Größe der Förmchen.

6. Bestreich mit dem Küchenpinsel jedes Förmchen mit etwas Butter.

7. Leg in jedes Förmchen einen Kuchenteigkreis, stell sie dann auf den Backofenrost, und back sie im vorgeheizten Ofen bei 200 Grad (Gas: Stufe 3) mindestens 5 Minuten.

8. Wenn die 5 Minuten um sind, hol dir am besten gleich die Förmchen aus dem Ofen, und füll in jedes etwas von der süßen Sonnenblumenmasse. Stell sie danach wieder auf den Rost, und back die Knacker ungefähr weitere 8 bis 10 Minuten, bis sie goldgelb sind.

9. Wenn du es ganz besonders süß und lecker magst, dann kannst du die Unterseite der Sonnenblumenknacker mit etwas Schokoladenglasur oder auch mit flüssiger Kuvertüre bestreichen.

Fruchtige Knusperplätzchen

Für 2 Backbleche

Das sind die Zutaten:

50 g Rosinen
3 EL Apfelsaft
100 g Butter
150 g brauner Zucker
1 P. Vanillezucker
1 Ei
1 Pr. Salz
50 g Sonnenblumenkerne
40 g getrocknete Aprikosen
40 g feine Haferflocken
100 g Mehl
½ TL Backpulver
60 g Haferflakes oder Puffreis

Diese Dinge sollten nicht fehlen:

1 Schneidbrett
1 großes Messer
1 kleines Schälchen
1 Küchenwaage
1 Rührschüssel
1 elektrischer Küchenquirl
Backpapier
2 Backbleche
2 Eßlöffel
2 Topflappen
1 kleiner Kochtopf
1 kleines Sieb
1 Küchenpinsel

1. Zuerst besorgst du dir alle Zutaten, wiegst sie ab und legst die Rosinen auf das Brett. Schneid sie mit dem Messer etwas kleiner. Dann legst du sie in ein Schälchen und gießt den Apfelsaft darüber. Laß die Rosinen kurz im Apfelsaft baden.

2. Für den Teig gibst du die weiche Butter mit dem Zucker und dem Vanillezucker in die Schüssel und rührst alles mit dem elektrischen Küchenquirl recht schaumig. Nun kannst du das Ei und das Salz darunterrühren.

3. Die Sonnenblumenkerne legst du auf das Brett und schneidest sie mit dem Messer mittelfein oder gibst sie in einen Zerkleinerer. Die Aprikosen mußt du nun in kleine Würfel schneiden.

4. Nun gib die eingeweichten Rosinen, die gehackten Sonnenblumenkerne und die Aprikosenwürfel zusammen mit den feinen Haferflocken, dem Mehl und dem Backpulver in die Teigschüssel. Rühr alles solange um, bis sich alle Zutaten vermischt haben.

5. Zum Schluß fügst du die knusprigen Haferflakes hinzu.

6. Leg auf jedes Backblech einen Bogen Backpapier, und setz mit zwei Eßlöffeln kleine Häufchen auf die Backbleche, aber nicht zu dicht, weil sie beim Backen nämlich noch etwas auseinanderlaufen werden.

7. Back die fruchtigen Knusperplätzchen nacheinander im vorgeheizten Backofen bei etwa 200 Grad (Gas: Stufe 3) 10 bis 12 Minuten.

8. Lös die noch heißen Plätzchen vorsichtig vom Papier ab, und leg sie auf ein Kuchengitter zum Abkühlen.

9. Du möchtest die Knusperplätzchen noch etwas verzieren? Dafür kannst du fertige Kuchenglasur in Zitronen- oder Schokoladengeschmack verwenden. Du kannst aber auch 100 Gramm gesiebten Puderzucker mit ein bis zwei Eßlöffel Zitronensaft oder Sahne mischen und dein Gebäck damit bestreichen oder je nach Phantasie garnieren.

Nußtaler

Für 2 Backbleche

Das sind die Zutaten:

6 getrocknete Aprikosen
125 g weiche Butter
80 g Honig
1 TL Zitronensaft
1 P. Vanillezucker
1 Pr. Salz
250 g feines Weizenvollkornmehl
150 g gemahlene Haselnüsse
1 Eigelb
2 EL Milch

Diese Dinge sollten nicht fehlen:

1 Küchenwaage
1 kleines Schälchen
1 Rührschüssel
1 elektrischer Küchenquirl
1 Mixer oder Pürierstab
1 Teelöffel, 1 Eßlöffel
Klarsichtfolie
2 Backbleche
Backpapier
1 Messer
1 Schneidbrett
1 Küchenpinsel
2 Topflappen

1. Diese Nußkekse werden mit Weizenvollkornmehl gebakken. Wenn dir das nicht so schmeckt, dann kannst du natürlich auch das weiße normale Mehl verwenden. Such dir nun alle Zutaten zusammen, und wieg sie aus.

2. Leg die Aprikosen in ein Schälchen mit Wasser, und laß sie darin eine Weile herumschwimmen.

3. Inzwischen verrührst du die Butter und den Honig mit dem elektrischen Küchenquirl recht schaumig.

4. Füg nun den Zitronensaft, den Vanillezucker, das Salz, das Mehl und die gemahlenen Nüsse dazu.

5. Wird der Teig zu fest, mußt du ihn mit deinen Händen kneten.

6. Die eingeweichten Aprikosen läßt du etwas abtropfen und pürierst sie im Mixer oder mit dem Pürierstab.

7. Misch nun den Aprikosenbrei unter den Teig, und form daraus zwei Rollen von etwa 3 Zentimetern Durchmesser. Wickel die Rollen in Klarsichtfolie, und leg sie für 30 Minuten in den Kühlschrank.

8. Inzwischen legst du auf jedes Backblech einen Bogen Backpapier und verrührst dann in einem Schälchen das Eigelb mit der Milch.

9. Nun kannst du von den Teigrollen 1 Zentimeter dicke Scheiben abschneiden und sie nebeneinander auf das Backblech legen. Zum Schluß bestreichst du jedes Plätzchen mit dem Eigelb und backst die Nußtaler im vorgeheizten Backofen bei 180 Grad (Gas: Stufe 2) 15 bis 20 Minuten.

Nuß-batzen

Für 2 Backbleche

Das sind die Zutaten:

2 Eier, 125 g Honig
50 g Rosinen
50 g Haselnüsse
50 g Kokosflocken
50 g Leinsamen
50 g Sesamen
1 EL Sonnenblumenkerne
1 TL Backpulver
150 g feines Weizenvollkornmehl
½ TL Zimt
1 EL Zitronensaft

Diese Dinge sollten nicht fehlen:

1 Küchenwaage
1 Rührschüssel
1 elektrischer Küchenquirl
1 Rührlöffel
2 Backbleche
Backpapier
1 Teelöffel
2 Topflappen

1. Wie bei dem Rezept auf der gegenüberliegenden Seite kannst du natürlich diese Plätzchen auch mit normalem weißem Mehl backen, wenn du das gesunde Vollkornmehl nicht so gerne magst.

2. Hast du alle Zutaten beisammen? Dann wieg alles schön nacheinander ab, und verrühr zunächst die beiden Eier mit dem Honig in der Rührschüssel. Mit dem elektrischen Küchenquirl mußt du mindestens 5 Minuten rühren, bis die Masse schließlich sehr schaumig geworden ist.

3. Nun streust du die Rosinen, die gemahlenen Haselnüsse, die Kokosflocken, die Leinsamen, die Sesamen und die Sonnenblumenkerne darüber und verrührst alles.

4. Misch das Backpulver mit dem Mehl, und gib es zusammen mit dem Zimt und dem Zitronensaft über die anderen Zutaten.

5. Jetzt mußt du nur alles noch einmal durchkneten. Leg nun auf jedes Backblech einen Bogen Backpapier, und setz mit einem Teelöffel kleine Teigstückchen nebeneinander auf die Backbleche.

6. Gebacken werden die Plätzchen im vorgeheizten Backofen bei 200 Grad (Gas: Stufe 3) 20 bis 30 Minuten.

Gewürz-kringel

Für 2 Backbleche

Das sind die Zutaten:
125 g Butter
150 g Mehl
70 g gemahlene Haselnüsse
1 Eigelb
75 g Zucker
1 P. Vanillezucker
1 Btl. Zitronenaroma
je 1 Msp. Piment, Muskat, Kardamom
1 Btl. Zimtaroma (oder ½ TL Zimtpulver)
1 Msp. Backpulver
2 Eigelbe
2 EL gehackte Pistazien
3 EL Frutta-Mix (von Schwartau)
etwas Mehl

Diese Dinge sollten nicht fehlen:
1 Küchenwaage
1 Rührschüssel
1 Messer
1 elektrischer Küchenquirl
Klarsichtfolie
1 Eßlöffel
1 Teelöffel
1 kleines Schälchen
1 großes Messer
1 Schneidbrett
2 Backbleche
Backpapier
2 Topflappen
1 Küchenpinsel

1. Besorg dir alle Zutaten, und wieg sie ab. Dann gibst du die Butter in die Rührschüssel und verrührst sie mit dem elektrischen Küchenquirl. Dann fügst du das Mehl, die Haselnüsse, das Eigelb (wenn du das Ei alleine nicht trennen kannst, hilft dir bestimmt ein Erwachsener), den Zucker, den Vanillezucker, das Zitronenaroma sowie alle Gewürze und Backpulver hinzu.

2. Am besten arbeitest du jetzt mit deinen Händen weiter. Du knetest alles so lange, bis sich die Zutaten vermischt haben. Dann wickel den Teig in etwas Klarsichtfolie, und leg ihn für etwa 60 Minuten in den Kühlschrank.

3. Inzwischen kannst du die beiden Eigelbe mit einem Eßlöffel Wasser verrühren.

4. Wenn du keine gehackten Pistazien hast, sondern nur ganze Kerne, dann mußt du sie mit dem Messer auf einem Brett recht fein schneiden. Die gemischten Früchte von Frutta-Mix kannst du auch etwas feiner hacken.

5. Nun ist der Teig fest geworden und du kannst davon kleine Stücke abschneiden. Jedes Teigstück rollst du auf deiner bemehlten Arbeitsplatte zu einer 10 Zentimeter langen und etwa 7 Millimeter dicken Rolle.

6. Leg auf jedes Backblech einen Bogen Backpapier, form jede Rolle zu einem Kringel, und leg die Kringel dann auf die Backbleche.

7. Damit die Kringel beim Backen ihre Form behalten, mußt du die beiden Enden jeder Rolle leicht zusammendrücken.

8. Wenn vor dir auf beiden Backblechen viele bunte Gewürzkringel liegen, bestreichst du jeden Kringel mit etwas Eigelb und streust nach Geschmack ein paar gehackte Pistazien und gehackte bunte Früchte darüber.

9. Gebacken werden die Kringel im vorgeheizten Backofen bei 200 Grad (Gas: Stufe 3) 10 bis 12 Minuten.

10. Du möchtest statt der Kringel lieber runde Plätzchen backen? Kein Problem! Dafür mußt du den gut gekühlten Teig zwischen Klarsichtfolie oder auf einer bemehlten Arbeitsfläche dünn ausrollen und mit Ausstechförmchen Plätzchen formen.

11. Du kannst natürlich auch den fertigen Teig bereits vor dem Lagern im Kühlschrank zu jeweils zwei Rollen formen, anschließend einige Zeit kühl legen und dann mit einem Messer in dünne Scheiben schneiden, die dann gebacken werden.

Rumpelstilzchen

Für 2 Backbleche

Das sind die Zutaten
150 g Mehl
100 g feines Weizenvollkornmehl
200 g gemahlene Haselnüsse
200 g kalte Butter
1 Btl. Zitronenaroma
3 EL Honig
1 Ei
100 g getrocknete Aprikosen

Diese Dinge sollten nicht fehlen:
1 Küchenwaage
1 Rührschüssel
1 Eßlöffel
Klarsichtfolie
2 Backbleche
Backpapier
1 kleines Schälchen
1 Messer
kleine Spritztüte
1 Teigroller
1 Mixer oder Pürierstab
runde Ausstechförmchen
2 Topflappen
1 Kuchengitter

1. Rumpelstilzchen, das sind die leckeren Plätzchen mit dem lustigen Gesicht. Wenn du alle Zutaten beisammen und abgewogen hast, mischst du zuerst die beiden Mehlsorten.

2. Füg die Haselnüsse, die kalte Butter, das Zitronenaroma, den Honig sowie das Ei hinzu, und knet alles zu einem Teig.

3. Damit du den Teig besser ausrollen kannst, mußt du ihn kühl lagern. Wickel ihn deshalb in etwas Klarsichtfolie, und leg ihn für 30 Minuten in den Kühlschrank.

4. Inzwischen kannst du schon einmal die beiden Backbleche mit je einem Bogen Backpapier auslegen.

5. Die getrockneten Aprikosen legst du in die kleine Schüssel und gießt so viel Wasser darüber, daß sie bedeckt sind.

6. Hol nun den Teig wieder aus dem Kühlschrank, und teil ihn in zwei Hälften. Die eine Hälfte rollst du zwischen Klarsichtfolie dünn aus und stichst runde Plätzchen aus.

7. Leg die Plätzchen auf ein Backblech, und roll die andere Hälfte des Teiges aus. Mit einer kleinen, glatten Spritztülle stichst du Augen und Mundöffnung aus.

8. Leg die Plätzchen auf das andere Backblech, und back sie nacheinander im vorgeheizten Backofen bei 180 Grad (Gas: Stufe 2) 15 bis 20 Minuten. Sie sind richtig, wenn sie am Rand goldgelb sind.

9. Während die Plätzchen im Ofen schön vor sich hin backen, gießt du das Wasser von den Aprikosen ab und drückst sie etwas aus. Anschließend pürierst du sie im Mixer oder mit dem Pürierstab.

10. Hol die Plätzchen mit dem Topflappen aus dem Backofen, leg sie auf ein Kuchengitter, und laß sie dann eine Zeitlang abkühlen.

11. Nun kannst du die runden Plätzchen mit etwas Aprikosenmus bestreichen. Drück dann die Plätzchen mit dem Gesicht so auf die mit Aprikosenmus bestrichenen Plätzchen, daß ein wenig Füllung aus den drei Öffnungen hervorquillt.

12. Laß die Plätzchen über Nacht abkühlen, und leg sie dann in eine verschließbare Blechdose.

Bunte Zuckerplätzchen

Für 2 Backbleche

Das sind die Zutaten:
3 hartgekochte Eier
1 Eigelb
160 g Puderzucker
1 P. Vanillezucker
250 g Butter
400 g Mehl
1 P. Zitronenkuchenglasur
100 g gehackte Mandeln
1 P. bunte Zuckerstreusel

Diese Dinge sollten nicht fehlen:
1 Küchenwaage
1 Rührschüssel
1 Sieb, Klarsichtfolie
Backpapier
2 Backbleche
1 elektrischer Küchenquirl
runde Ausstechförmchen
1 kleiner Kochtopf
2 Topflappen
1 Kuchengitter
etwas Alufolie
1 Küchenpinsel

1. Du mußt zuerst die hartgekochten Eier schälen und das Eiweiß vorsichtig auseinanderdrücken, so daß du an das runde Eigelb herankommst. Die drei hartgekochten Eigelbe drückst du durch ein Sieb in die Schüssel. Das Eiweiß kannst du sofort mit etwas Salz essen, oder du hebst es auf, hackst es fein und streust es dir abends auf ein Butterbrot oder über ein Schüsselchen Salat.

2. Nun gibst du das frische Eigelb und den Puderzucker über die hartgekochten Eigelbe und verrührst alles mit dem elektrischen Küchenquirl.

3. Jetzt fehlen nur noch der Vanillezucker, die Butter und das Mehl. Am besten nimmst du jetzt die Hände und knetest den Teig kräftig durch.

4. Roll den Teig in etwas Klarsichtfolie, und leg ihn für 30 Minuten in den Kühlschrank.

5. Wenn der Teig etwas fester geworden ist, teilst du ihn in zwei Hälften, und rollst erst eine Hälfte zwischen Klarsichtfolie dünn aus und stichst runde Plätzchen aus.

6. Leg auf jedes Backblech einen Bogen Backpapier, und setz die Plätzchen darauf. Roll nun den restlichen Teig aus, form Plätzchen, und leg auch sie auf das Backblech.

7. Die Plätzchen werden im vorgeheizten Backofen bei ungefähr 200 Grad (Gas: Stufe 3) 10 bis 12 Minuten gebacken.

8. Nun kannst du die Kuchenglasur nach der Packungsanleitung im Topf mit etwas Wasser erwärmen.

9. Die fertig gebackenen Plätzchen läßt du auf einem Kuchengitter abkühlen. Leg dann etwas Alufolie darunter, bestreich die Plätzchen mit der Zitronenglasur, und bestreu sie sofort mit den gehackten Mandeln und den kunterbunten Zuckerstreuseln.

Braune Kuchen

Für 2 Backbleche

Das sind die Zutaten:
250 g Butter
200 g Zucker
125 g Rübensirup
75 g gehackte Mandeln
75 g gehacktes Zitronat
½ TL Nelkenpulver
1 Btl. Zimtaroma oder
½ TL Zimtpulver
10 g Pottasche
500 g Mehl
150 g weiße Kuvertüre

Diese Dinge sollten nicht fehlen:
1 Küchenwaage
1 kleiner Kochtopf oder Kasserolle
1 Rührschüssel
1 elektrischer Küchenquirl
1 TL
1 Tasse, Alufolie
1 Messer
Backpapier
2 Backbleche
1 kleines Schälchen
1 kleiner Kochtopf
2 Topflappen
1 Kuchengitter

1. Der Teig für diese braunen Kuchen muß 24 Stunden ruhen. Du machst also am besten an einem Tag den Teig, und am darauffolgenden backst du die Plätzchen.

2. Wieg alle Zutaten ab. Dann gibst du zunächst die Butter in einen kleinen Topf, erwärmst sie und verrührst sie mit dem Zucker und dem Sirup.

3. Wenn die Masse etwas abgekühlt ist, gibst du sie in die Rührschüssel und fügst die gehackten Mandeln, das Zitronat und die Gewürze hinzu. Mit dem Quirl alles mischen.

4. Die Pottasche mußt du in sehr wenig warmen Wasser auflösen und sie zusammen mit dem Mehl zum Teig geben. Keine Angst, der merkwürdige Geruch ist bald verschwunden.

5. Jetzt knetest du alle Zutaten zu einem glatten Teig, formst daraus zwei Rollen, wickelst sie in Alufolie und läßt sie über Nacht ruhen.

6. Schneid am nächsten Tag von den Teigrollen etwa 0,5 Zentimeter dicke Scheiben ab, und leg sie auf die mit Backpapier belegten Backbleche. Anschließend backst du die Plätzchen im vorgeheizten Backofen bei 200 Grad (Gas: Stufe 3) 8 bis 10 Minuten.

7. Inzwischen legst du die Kuvertüre in das kleine Schälchen und erwärmst sie nach der Packungsanleitung in dem kleinen Topf mit etwas Wasser.

8. Die fertig gebackenen Plätzchen läßt du auf einem Kuchengitter abkühlen. Anschließend tauchst du jeden Keks bis zur Hälfte in die flüssige, weiche Kuvertüre und läßt sie dann auf einem Kuchengitter fest werden.

Pistazien-brote

Für 1 Backblech

Das sind die Zutaten:
2 Eier, 2 EL Wasser
200 g Zucker
65 g Rübensirup
1 Msp. Pimentpulver
1 Msp. Nelkenpulver
1 TL Zimt, 250 g Mehl
1 TL Backpulver
125 g gehackte Mandeln
70 g gehacktes Zitronat
70 g Schokoladenraspel
2 Btl. Zitronenkuchenglasur
2 Btl. gehackte Pistazien

Diese Dinge sollten nicht fehlen:
1 Küchenwaage
1 Eßlöffel
1 Rührschüssel
1 elektrischer Küchenquirl
1 Teelöffel
1 kleines Messer
Backpapier
1 Backblech
1 großes Messer
1 kleiner Topf
1 Küchenpinsel
2 Topflappen

1. Dieses gute Pistazienbrot schmeckt am besten, wenn du es für mindestens 6 Tage verschlossen in einer Blechdose ruhen läßt.

2. Such dir zunächst alle Zutaten heraus, wieg sie nacheinander gut ab, und stell sie auf deine Arbeitsplatte. Dann gib die Eier mit dem Wasser in die Rührschüssel, und schlag alles mit dem elektrischen Küchenquirl recht schaumig.

3. Nun streust du ganz langsam, während der elektrische Küchenquirl sich immer weiter dreht, den Zucker hinein. Rühr solange weiter, bis die Masse hellgelb und cremig ist.

4. Nun kommen der Rübensirup und die Gewürze dazu. Alles noch einmal gründlich verrühren.

5. Misch das Mehl mit dem Backpulver, und gib es zusammen mit den gehackten Mandeln, dem gehackten Zitronat und den Schokoladenraspeln zum Teig. Alles noch einmal kräftig durchrühren.

6. Leg einen Bogen Backpapier auf das Backblech, und streich den Teig darauf mit dem großen Messer glatt.

7. Der Teig wird im vorgeheizten Backofen bei 200 Grad (Gas: Stufe 3) 20 bis 25 Minuten gebacken.

8. Hol die Teigplatte aus dem Ofen, und laß sie etwas abkühlen. Stürz sie dann auf die Arbeitsfläche, und zieh das Papier ab. Danach kannst du die Platten wieder umdrehen.

9. Die Zitronenglasur erwärmst du nach Packungsanleitung in dem Topf mit warmen Wasser.

10. Streich nun die Glasur auf die Teigplatte, und streu die gehackten Pistazien darüber. Wenn die Glasur fest geworden ist, teilst du den Kuchen in kleine Rechtecke.

Schoko-herzen

Für 2 Backbleche

Das sind die Zutaten:
120 g Butter
120 g Zucker
1 Ei
1 Pr. Salz
1 P. Vanillezucker
1 TL Lebkuchengewürz
200 g Mehl
50 g Speisestärke
1 TL Backpulver
200 g Halbbitterkuvertüre
100 g Mandelsplitter

Diese Dinge sollten nicht fehlen:
1 Küchenwaage
1 Rührschüssel
1 elektrischer Küchenquirl
1 Teelöffel
Klarsichtfolie
Ausstechförmchen (Herzen)
1 Schälchen
1 kleiner Kochtopf
1 Schneidbrett
Backpapier
2 Backbleche
1 Messer
1 Küchenpinsel
1 Kuchengitter
etwas Alufolie
2 Topflappen

1. Such dir zunächst alle Zutaten, wieg sie ab, und gib die Butter, den Zucker und das Ei in die Rührschüssel.

2. Mit dem elektrischen Küchenquirl rührst du diese Zutaten solange, bis sie sehr schaumig geworden sind. Nun füg das Salz, den Vanillezucker, das Lebkuchengewürz, das Mehl, die Speisestärke und das Backpulver hinzu.

3. Diese Zutaten verknetest du jetzt mit deinen Händen zu einem glatten Teig, rollst ihn in Klarsichtfolie und legst ihn für etwa 60 Minuten in den Kühlschrank.

4. Inzwischen schneidest du die Kuvertüre auf dem Brett in dicke Würfel, legst sie in die Schüssel und erwärmst sie in dem kleinen Kochtopf im Wasserbad, genau nach der Packungsanleitung.

5. Den festen Teig nimmst du aus dem Kühlschrank und teilst ihn in zwei Hälften. Eine Hälfte rollst du zwischen Klarsichtfolie dünn aus und stichst große und kleine Herzen aus.

6. Leg je einen Bogen Backpapier auf die Backbleche, und setz die Herzen darauf.

7. Roll den restlichen Teig ebenfalls aus, und stich mit Hilfe entsprechender Förmchen Herzchen aus.

8. Back die Herzen nacheinander im vorgeheizten Backofen bei ungefähr 200 Grad (Gas: Stufe 3) 12 bis 15 Minuten.

9. Hol die gebackenen Herzen aus dem Ofen, und laß sie auf dem Kuchengitter abkühlen. Dann streich mit dem Küchenpinsel etwas Kuvertüre darüber, und streu ein paar Mandelsplitter darauf. Wenn die Schokolade fest geworden ist, kannst du die Herzen in eine Blechdose legen.

Pfeffer-nüsse

Für 2 Backbleche

Das sind die Zutaten:
250 g Butter
250 g Zucker
250 g Rübensirup
½ TL Pottasche
50 g Speisestärke
225 g Mehl
1 Ei
2 TL Pfefferkuchengewürz
100 g Orangeat
80 g gehackte Mandeln
50 g geschälte und halbierte Mandeln

Diese Dinge sollten nicht fehlen:
1 Küchenwaage
1 Kochtopf
1 Rührlöffel
1 Rührschüssel
1 Teelöffel
1 Tasse
Klarsichtfolie
2 Backbleche
Backpapier
1 Messer
2 Topflappen

1. Wenn du alle Zutaten beisammen hast, wiegst du sie ab und gibst zunächst die Butter, den Zucker und den Rübensirup in den Topf und löst alles bei schwacher Hitze auf. Dabei mußt du öfter umrühren.

2. Gieß diese Flüssigkeit in die Rührschüssel, und laß sie abkühlen.

3. Die Pottasche gibst du in die Tasse, gießt ganz wenig Wasser dazu und löst sie darin auf.

4. Nun gib die aufgelöste Pottasche, die Speisestärke, das Mehl, das Ei, das Pfefferkuchengewürz sowie das feingehackte Orangeat sowie die gehackten Mandeln in die Schüssel, und knet alles zu einem glatten Teig.

5. Mit deinen Händen formst du den Teig zu zwei Stangen von etwa 4 Zentimeter Durchmesser und wickelst sie in Klarsichtfolie. Laß den Teig mindestens 12 Stunden in der Küche ruhen.

6. Leg am folgenden Tag auf jedes Backblech einen Bogen Backpapier. Mit einem Messer schneidest du von den Teigstangen etwa 5 Millimeter dicke Scheiben ab und legst sie auf die Backbleche.

7. In jede Pfeffernuß drückst du in die Mitte eine halbe Mandel. Die Pfeffernüsse werden im vorgeheizten Backofen bei 200 Grad (Gas: Stufe 3) ungefähr 10 bis 15 Minuten gebacken. Sie schmecken besonders gut, wenn sie ein paar Tage in einer Blechdose geruht haben.

Mandeltörtchen

Für etwa 40 Törtchen

Das sind die Zutaten:

200 g Butter
175 g Zucker
1 P. Vanillezucker
4 Eier
200 g Marzipanrohmasse
2 EL Milch
65 g Speisestärke
150 g Kölln-Instantflocken
65 g Mehl
1 TL Backpulver
etwa 40 geschälte Mandeln

Diese Dinge sollten nicht fehlen:

1 Küchenwaage
1 Rührschüssel
1 Eßlöffel
1 elektrischer Küchenquirl
etwa 40 Papierförmchen
1 Backblech
2 Topflappen

1. Dieses feine Mandelgebäck schmeckt am besten frisch. Besorg dir die Zutaten, und wieg sie ab.

2. Nun gib die weiche Butter, den Zucker, den Vanillezucker und die Eier in die Rührschüssel, und rühr mit dem elektrischen Küchenquirl so lange, bis die Masse hell und cremig ist.

3. Von der Marzipanrohmasse teilst du mit einem Teelöffel kleine Flöckchen ab und gibst sie zusammen mit der Milch in die Creme. Jetzt mußt du weiterrühren, bis die Masse ganz glatt ist.

4. Nun kannst du die Speisestärke, die Haferflocken, das Mehl und das Backpulver dazugeben und verrührst alle Zutaten zu einem glatten Teig.

5. Mit dem Eßlöffel füllst du in jedes Förmchen ein wenig Teig und setzt die Förmchen auf das Backblech. Vor dem Backen drückst du in jedes Törtchen eine abgezogene Mandel. Gebacken wird im vorgeheizten Backofen bei 200 Grad (Gas: Stufe 3) 20 bis 25 Minuten.

Nuß-laibchen

Für 1 Backblech

Das sind die Zutaten:

100 g getrocknete Aprikosen
1 Orange, 2 Eier
150 g Honig
1 TL Zimt
1 Btl. Zitronenaroma
1 Msp. geriebene Muskatnuß
300 g gemahlene Mandeln
1 Eigelb
2 EL Milch
35 ganze geschälte Mandeln

Diese Dinge sollten nicht fehlen:

1 Küchenwaage
1 Messer
1 Zitruspresse
1 kleines Schälchen
1 Schneidbrett
1 elektrischer Küchenquirl
1 Teelöffel, Backpapier
1 Backblech
1 Küchenpinsel
2 Topflappen

1. Such dir zunächst alle Zutaten zusammen, und wieg sie genau ab.

2. Dann schneid die Aprikosen recht klein, und übergieß sie in der kleinen Schüssel mit dem Saft der Orange.

3. Während die Aprikosenwürfel in dem Orangensaft baden, verrührst du die Eier mit dem Honig und den Gewürzen und schlägst alles mit dem elektrischen Küchenquirl möglichst schaumig.

4. Füg die gut abgetropften, eingeweichten Aprikosenwürfel und die gemahlenen Mandeln dazu. Verarbeite alles zu einem glatten Teig.

5. Mit einem Teelöffel stichst du von dem weichen Teig etwas ab und rollst ihn zwischen deinen Handflächen zu runden Kugeln. Leg die Kugeln auf das mit Backpapier ausgelegte Backblech.

6. Nun misch das Eigelb mit der Milch und bestreiche damit die Nußlaibchen. Zum Schluß drückst du in jedes Laibchen eine Mandel und backst die Plätzchen im vorgeheizten Backofen bei 160 Grad (Gas: Stufe 1–2) 25 bis 30 Minuten.

Sesam-riegel

Für 1 Backblech

Das sind die Zutaten:

125 g Butter
150 g Honig
250 g Buttermilch
2 P. Zitronenaroma
1 Eigelb
100 g gehackte Mandeln
100 g Rosinen
½ TL Salz
1 P. Backpulver
350 g Dinkel- oder Weizenmehl
100 g Sesam

Diese Dinge sollten nicht fehlen:

1 Küchenwaage
1 kleiner Topf
1 Rührschüssel
1 Rührlöffel
1 Teelöffel
Backpapier
1 Backblech
2 Topflappen
1 großes Messer

1. Wenn du dir alle Zutaten zusammengesucht hast, wiegst du sie ab. Gib nun die Butter in den kleinen Topf, und laß sie bei geringer Hitze schmelzen.

2. Gieß die flüssige Butter in die Rührschüssel, füg den Honig, die Buttermilch, das Zitronenaroma, das Eigelb, die Mandeln, die Rosinen sowie das Salz hinzu.

3. Wenn du alles gut verrührt und gemischt hast, gibst du das Backpulver zum Mehl und streust es über die Zutaten. Rühr alles so lange um, bis sich alle Zutaten verbunden haben.

4. Leg einen Bogen Backpapier auf das Backblech, und streich den Teig darauf.

5. Bevor der Teig in den Backofen kommt, läßt du ihn noch 30 Minuten in der Küche ruhen. Anschließend streust du die Sesamkörner gleichmäßig über den Teig und drückst ihn etwas an. Danach kannst du das Backblech in den vorgeheizten Backofen schieben. Gebacken wird bei etwa 160 Grad (Gas: Stufe 1–2) 20 bis 25 Minuten.

6. Nun kannst du die gebackene Teigplatte mit einem Messer in schmale Riegel schneiden.

Hafer-plätzchen

Für 1 Backblech

Das sind die Zutaten:

125 g Butter
125 g Zucker
1 Ei
250 g Blütenzarte Kölln-flocken
50 g gemahlene Mandeln
1 TL Backpulver
1 Btl. Zitronenaroma
1 Eigelb
2 EL Milch

Diese Dinge sollten nicht fehlen:

1 Küchenwaage
1 Rührschüssel
1 hohes Rührgefäß
1 elektrischer Küchenquirl
1 Teelöffel
1 Küchenpinsel
1 Teigroller
Klarsichtfolie
Backpapier
1 Backblech
runde Ausstechförmchen
1 kleines Schälchen
2 Topflappen

1. Wenn du alle Zutaten vor dir liegen hast, mußt du sie zunächst einmal abwiegen.

2. Nun rühr die Butter und den Zucker in der Rührschüssel mit dem elektrischen Küchenquirl recht schaumig.

3. Das Ei schlägst du an dem hohen Rührgefäß in der Mitte auf und läßt das Eiweiß vorsichtig dahinein gleiten. Das Eigelb kommt zu der Butter-Zucker-Masse. Wenn es dir schwerfällt, ein Ei zu trennen, bitte einen Erwachsenen, dies für dich zu tun.

4. Jetzt kommen die zarten Haferflocken, die gemahlenen Mandeln, das Backpulver und das Zitronenaroma in die Schüssel, alles wird zu einem glatten Teig verrührt.

5. Damit das Eiweiß recht steif wird, mußt du zunächst einmal die Rührlöffel getrennt vom elektrischen Küchengerät unter warmem Wasser abspülen und gut abtrocknen. Nun kannst du das Eiweiß zu festem Schnee schlagen. Es wird zum Schluß unter den Teig gehoben, nicht gerührt.

6. Roll nun den Teig zwischen Klarsichtfolie nicht zu dick aus, stich runde Plätzchen aus, und leg sie auf das mit Backpapier belegte Backblech.

7. Das Eigelb verrührst du in der kleinen Schüssel mit der Milch und bestreichst damit die Plätzchen. Gebacken werden sie bei 200 Grad (Gas: Stufe 3) 10 bis 12 Minuten.
Von diesen Plätzchen bleibt bestimmt kein Krümel übrig.

Kernige Schoko-plätzchen

Für 1 Backblech

Das sind die Zutaten:
200 g Butter
200 g Zucker
2 P. Vanillezucker
1 EL Wasser
2 Eier
125 g Mehl
250 g Kernige Haferflocken
½ TL Backpulver
50 g gehackte Mandeln
2 EL Kakaopulver
2 EL Milch

Diese Dinge sollten nicht fehlen:
1 Küchenwaage
1 Rührschüssel
1 elektrischer Küchenquirl
1 Eßlöffel
1 Teelöffel
Backpapier
1 Backblech
2 Topflappen

1. Hast du alle Zutaten gefunden? Dann wieg sie ab. Nun gib die weiche Butter und den Zucker in die Rührschüssel.

2. Mit dem elektrischen Küchenquirl rührst du Butter und Zucker so lange schaumig, bis sich der Zucker aufgelöst hat. Füg den Vanillezucker, das Wasser und die Eier hinzu. Wenn du alle Zutaten gut miteinander vermischt hast, kommen das Mehl, die Haferflocken, das Backpulver und die Mandeln dazu. Wieder mußt du so lange rühren, bis sich alles gut vermengt hat.

3. Wegen der schönen Farbe und wegen des guten Geschmacks, gibst du jetzt noch das Kakaopulver und die Milch zum Teig und rührst noch einmal alles um.

4. Leg einen Bogen Backpapier auf das Backblech.

5. Mit einem Teelöffel setzt du kleine Häufchen auf das Backblech und drückst sie mit dem Löffel etwas flach. Schieb das Backblech in den vorgeheizten Ofen. Gebacken wird bei etwa 180 Grad (Gas: Stufe 2) 12 bis 15 Minuten.

Marzipan-plätzchen

Für 2 Backbleche

Das sind die Zutaten:

50 g Mehl
50 g Blütenzarte Haferflocken
½ TL Backpulver
1 Pr. Salz
1 Msp. Nelkenpulver
1 TL Zimt
50 g Butter
50 g Zucker
3 TL Rübensirup
150 g Aprikosenkonfitüre
150 g Marzipanrohmasse
75 g Puderzucker

Diese Dinge sollten nicht fehlen:

1 Küchenwaage
1 Teelöffel, 1 Messer
1 Rührschüssel
Klarsichtfolie
2 Backbleche
Backpapier
1 Teigroller
1 Rührlöffel
1 kleiner Topf
kleine Ausstechförmchen
2 Topflappen
1 Küchenpinsel

1. Wie immer suchst du dir zuerst alle Zutaten zusammen, die du dann sorgfältig abwiegen mußt.

2. Gib das Mehl, die Haferflocken, das Backpulver, das Salz und die Gewürze in die Schüssel, und misch alles gut miteinander.

3. Nun füg die weiche Butter, den Zucker und den Rübensirup dazu. Knete alles zu einem glatten Teig.

4. Form aus dem Teig zwei Rollen mit einem Durchmesser von rund 3 Zentimetern. Dann wickel sie in Klarsichtfolie, und laß sie im Kühlschrank 2 Stunden ruhen.

5. Leg zuerst die Backbleche mit je einem Bogen Backpapier aus. Nun schneid von den Teigrollen etwa 0,5 Zentimeter dicke Scheiben ab, und roll sie zwischen deinen Handflächen zu kleinen Kugeln. Diese setzt du auf das Backblech.

6. Im vorgeheizten Backofen wird bei 180 Grad (Gas: Stufe 2) 8 bis 10 Minuten gebacken.

7. Während die Kekse langsam immer brauner werden und es immer feiner in der Küche riecht, gibst du die Aprikosenkonfitüre in den kleinen Topf und erhitzt sie bei mittlerer Temperatur. Dabei mußt du öfter umrühren.

8. Die Marzipanmasse zerpflückst du in grobe Stücke, stäubst den Puderzucker darüber und verknetest alles, bis kein Puderzucker mehr zu sehen ist.

9. Roll die Marzipanrohmasse zwischen Klarsichtfolie dünn aus, und stich verschiedene kleine Plätzchen aus.

10. Hol das Blech aus dem Backofen, und laß die Plätzchen ein wenig abkühlen.

11. Nun bestreichst du mit dem Küchenpinsel jedes Plätzchen mit etwas Aprikosenkonfitüre. Bevor die Konfitüre fest wird, klebst du das ausgestochene Marzipan darauf. Laß die Plätzchen über Nacht trocknen, bevor du sie in einer Blechdose schichtest.

Hafer-flocken-makronen

Für 1 Backblech

Das sind die Zutaten:

150 g Feigen
75 g Sonnenblumenkerne
4 Eiweiße
150 g Zucker
100 g zarte Haferflocken
50 g Mehl
½ TL Backpulver
1 Btl. Zitronenaroma
½ TL Zimt
1 Msp. Nelkenpulver
3 EL Sonnenblumenkerne

Diese Dinge sollten nicht fehlen:

1 Küchenwaage
1 großes Messer
1 Schneidbrett
1 Rührschüssel
1 hohes Rührgefäß
1 elektrischer Küchenquirl
1 Rührlöffel
1 Teelöffel
1 Backblech
Backpapier
2 Topflappen

1. Makronen sind ein besonders feines Gebäck aus steif geschlagenem Eiweiß. Such dir alle Zutaten vorher zusammen, wieg sie aus, und schneid anschließend zuerst die Feigen in kleine Würfel.

2. Nun mußt du die Sonnenblumenkerne auf dem Brett mit dem großen Messer grob schneiden. Misch die gewürfelten Feigen und die gehackten Sonnenblumenkerne in der Rührschüssel.

3. Für den Eischnee mußt du zunächst einmal vier Eier aufschlagen und das Eigelb vom Eiweiß trennen. Falls dir diese Arbeit zu schwer ist (es darf nämlich kein bißchen Eigelb in das Eiweiß kommen), hilft dir dabei sicherlich ein Erwachsener. Das Eigelb kannst du für andere Plätzchen verwenden.

4. Nun mußt du das Eiweiß mit dem elektrischen Küchenquirl im Rührgefäß sehr steif schlagen. Woran man erkennt, ob das Eiweiß fest ist? Tauch die Rührlöffel des Küchenquirls schnell in das Eiweiß, und zieh sie nach oben. Haben sich dabei lange, weiße Spitzen gebildet, dann ist der Schnee genau richtig.

5. Jetzt läßt du langsam den Zucker in den Eischnee rieseln und schlägst dabei aber immer weiter.

6. Nun gibst du die Haferflocken, das Mehl, das Backpulver, das Zitronenaroma sowie die Gewürze zu den Feigen in die Schüssel und rührst alles einmal um.

7. Laß den steifen Eischnee langsam aus dem hohen Gefäß in die Rührschüssel gleiten. Ganz vorsichtig mischst du jetzt alle Zutaten. Wenn du zu stark rührst oder gar schlägst, platzen die kleinen Luftbläschen in dem Eischnee und dein Gebäck wird hart.

8. Beleg nun das Backblech mit einem Bogen Backpapier, und setz mit einem Teelöffel kleine Häufchen auf das Backblech. Zum Schluß streust du über jedes ein paar Sonnenblumenkerne darüber.

9. Schieb das Backblech in den vorgeheizten Ofen. Gebacken werden die Makronen bei etwa 180 Grad (Gas: Stufe 2) 15 bis 20 Minuten.

Zimt-sterne

Für 2 Backbleche

Das sind die Zutaten:
300 g Puderzucker
4 Eiweiße
1 Btl. Zitronenaroma
1 Btl. Zimtaroma oder
1 TL Zimtpulver
400 g gemahlene Mandeln
1 TL Zitronensaft
Puderzucker zum Ausrollen

Diese Dinge sollten nicht fehlen:
1 Küchenwaage
1 feines Sieb
1 Suppenteller
1 hohes Rührgefäß
1 elektrischer Küchenquirl
1 Eßlöffel
1 Teigroller
Ausstechförmchen (Sterne)
1 Küchenpinsel
Backpapier
2 Backbleche
2 Topflappen

1. Zimtsterne dürfen auf keinem bunten Teller in der Weihnachtszeit fehlen. Wenn du alle Zutaten beisammen hast, wiegst du zunächst den Puderzucker aus, gibst ihn in das feine Sieb und streust den Puderzucker durch Schütteln des Siebes auf den Suppenteller.

2. Die Eiweiße schlägst du in dem hohen Rührgefäß mit dem elektrischen Küchenquirl sehr schaumig und gibst den gesiebten Puderzucker eßlöffelweise dazu. Währenddessen mußt du weiterschlagen.

3. Von dieser süßen, weißen Creme nimmst du drei Eßlöffel ab und legst sie auf den Suppenteller.

4. Würz deinen Teig mit dem Zitronenaroma und dem Zimt. Nun gibst du ungefähr die Hälfte der gemahlenen Mandeln dazu und vermischst alles.

5. Von den restlichen Mandeln mußt du nur soviel unter den Teig kneten, bis er kaum noch an deinen Händen klebt.

6. Bestreu deine Arbeitsfläche mit etwas Puderzucker, gib von dem Teig darauf, und roll ihn 0,5 Zentimeter dick aus.

7. Mit den Förmchen stichst du kleine und große Sterne aus und legst sie auf die mit Backpapier belegten Backbleche.

8. Das geschlagene Eiweiß in dem Suppenteller verrührst du mit einigen Tropfen Zitronensaft und bestreichst damit die Oberfläche deiner Zimtsterne.

9. Gebacken wird bei 180 Grad (Gas: Stufe 2) ungefähr 20 bis 25 Minuten.

Marzipan-brezeln

Für 2 Backbleche

Das sind die Zutaten:
100 g Puderzucker
400 g Marzipanrohmasse
1 Btl. Orangenaroma
Puderzucker zum Ausrollen
1 Btl. helle Kuchenglasur (Haselnuß)
bunte Zuckerstreusel

Diese Dinge sollten nicht fehlen:
1 Küchenwaage
1 Sieb
1 Rührschüssel
Backpapier
2 Backbleche
1 kleiner Topf
1 Küchenpinsel
2 Topflappen

1. Diese feinen Marzipanbrezeln sind schnell gemacht, schnell gebacken und schnell verzehrt. Such dir alle Zutaten zusammen, und wieg sie möglichst sorgfältig nacheinander ab. Anschließend gibst du den Puderzucker in das feine Sieb und siebst ihn direkt in die Rührschüssel.

2. Die Marzipanrohmasse zerkleinerst du in deinen Fingern und gibst sie zusammen mit dem Orangenaroma in die Rührschüssel zu dem Puderzucker.

3. Nun greifst du mit beiden Händen hinein in die süße Marzipanmasse und knetest so lange, bis sich alle Zutaten vermischt haben.

4. Bestreu deine Arbeitsfläche mit etwas Puderzucker und roll nacheinander aus der Marzipanmasse fingerdicke und etwa 14 Zentimeter lange Würste.

5. Leg nun jede Wurst auf den mit Backpapier ausgelegten Backblechen zu Brezeln, und laß sie in der Küche 30 Minuten trocknen.

6. Dann schieb die Backbleche nacheinander in den vorgeheizten Backofen. Gebacken wird bei 180 Grad (Gas: Stufe 2) 10 bis 25 Minuten.

7. Inzwischen kannst du die Kuchenglasur in dem kleinen Topf mit etwas Wasser nach Packungsanleitung auflösen.

8. Laß das fertige Gebäck etwas abkühlen, und bestreich es mit der Kuchenglasur. Bevor sie fest wird, streust du ein paar Zuckerstreusel darüber.

Bethmännchen

Für 1 Backblech

Das sind die Zutaten:
300 g Marzipanrohmasse
80 g Puderzucker
1 EL Mehl
50 g gemahlene Mandeln
1 Ei
rote Belegkirschen
40 g gehobelte Mandeln
Pralinenhütchen

Diese Dinge sollten nicht fehlen:
1 Küchenwaage
1 Sieb
1 Rührschüssel
2 kleine Schüsseln
Backpapier
1 Backblech
1 Küchenpinsel
1 Messer
2 Topflappen

1. Der Name dieses feinen Marzipangebäcks erinnert an die Frankfurter Bankiersfamilie Bethmann. Such dir alle Zutaten, und wieg sie ab.

2. Die Marzipanrohmasse schneidest du in kleine Stücke und legst sie dann in die Rührschüssel.

3. Den Puderzucker und das Mehl siebst du darüber.

4. Jetzt streust du die gemahlenen Mandeln über die Marzipanrohmasse.

5. Das Ei mußt du trennen. Das Eiweiß kommt in eine Schüssel, das Eigelb in die andere. Falls dir diese Arbeit zu schwer ist, hilft dir dabei sicherlich ein Erwachsener. Das Eiweiß kommt zur Marzipanrohmasse. Nun mußt du mit deinen Händen alle Zutaten gut miteinander verkneten.

6. Mit feuchten, nicht zu nassen Händen formst du aus der Marzipanmasse kirschgroße Kugeln und legst sie auf das mit Backpapier belegte Backblech.

7. Das Eigelb verrührst du mit einem Eßlöffel Wasser und bestreichst mit Hilfe des Küchenpinsels die runden Kugeln.

8. Schneid jede rote Belegkirsche in vier Stücke, und leg immer ein kleines rotes Stückchen auf eine Marzipankugel.

9. Drück an jede Kugel drei Mandelscheibchen, und schieb das Backblech in den vorgeheizten Ofen. Gebacken wird bei etwa 160 Grad (Gas: Stufe 1) 20 bis 25 Minuten.

Kokos-makronen

Für 2 Backbleche

Das sind die Zutaten:

4 Eiweiße
200 g feiner Zucker
1 Msp. Zimt
200 g Kokosflocken
etwa 40 runde Oblaten

Diese Dinge sollten nicht fehlen:

1 Küchenwaage
1 hohes Rührgefäß
1 elektrischer Küchenquirl
1 Rührlöffel, Backpapier
2 Backbleche
2 Teelöffel
2 Topflappen

1. Für diese leckeren Makronen mußt du lediglich den Zucker abwiegen.

2. Das Eiweiß gibst du in das hohe Rührgefäß und schlägst es mit dem elektrischen Küchenquirl sehr steif. Nach und nach läßt du dann den feinen Zucker einrieseln und würzt die Masse mit etwas Zimt.

3. Wenn die Masse sehr schaumig und sehr fest geworden ist, gibst du auf einmal die Kokosflocken dazu und rührst so lange vorsichtig mit dem Rührlöffel um, bis sich alle Zutaten gut vermischt haben.

4. Leg auf jedes Backblech einen Bogen Backpapier und darauf je 20 runde Oblaten.

5. Mit zwei Teelöffeln setzt du auf jede Oblate ein Häufchen Kokosmasse.

6. Schieb die Backbleche nacheinander in den vorgeheizten Ofen. Gebacken wird bei etwa 180 Grad (Gas: Stufe 2) 20 bis 25 Minuten.

7. Nach dem Backen kannst du die überstehenden Ränder der Oblaten einfach abbrechen.

8. Achtung: Laß die Kokosmakronen etwas abkühlen, damit du dir beim Kosten nicht den Mund verbrennst.

Marzipan-häubchen

Für 2 Backbleche

Das sind die Zutaten:
200 g Marzipanrohmasse
75 g Puderzucker
4 Eigelbe
50 g Kokosflocken
etwa 40 runde Oblaten
1 Eigelb
2 EL gehackte Pistazien
200 g Halbbitterkuvertüre

Diese Dinge sollten nicht fehlen:
1 Küchenwaage
1 Sieb
1 Messer
1 Rührschüssel
1 elektrischer Küchenquirl
2 Teelöffel
Backpapier
2 Backbleche
1 Schneidbrett
2 Schälchen
1 Küchenpinsel
1 Eßlöffel
1 kleiner Topf
2 Topflappen

1. Für dieses Gebäck brauchst du nur die Eigelbe. Deshalb ist es ratsam, an einem Tag nur Gebäck mit Eiweiß herzustellen, wie die auf den vorangegangenen Seiten. Am nächsten Tag kannst du dann Plätzchen mit dem kühl gestellten Eigelb backen.

2. Such dir alle Zutaten zusammen, und wieg sie ab.

3. Die Marzipanrohmasse schneidest du in viele kleine Stückchen.

4. Den Puderzucker siebt du in die Rührschüssel und gibst die Eigelbe hinzu. Beides mußt du jetzt mit dem elektrischen Küchenquirl sehr schaumig rühren. Nun füg die Marzipanrohmasse dazu, und rühr so lange, bis sich alle Zutaten miteinander verbunden haben.

5. Zum Schluß streust du die Kokosflocken darüber und rührst noch einmal um.

6. Leg auf jedes Backblech einen Bogen Backpapier und auf jedes Backblech 20 Oblaten.

7. Mit zwei Teelöffeln setzt du von der Marzipanmasse kleine Häufchen auf die Oblaten.

8. Das Eigelb verrührst du in einer kleinen Schüssel mit einem Eßlöffel Wasser und bestreichst damit die Plätzchen. Zum Schluß bestreust du sie mit gehackten Pistazien.

9. Gebacken wird bei etwa 180 Grad (Gas: Stufe 2) 15 bis 20 Minuten.

10. Während die Plätzchen im Ofen langsam backen, zerkleinerst du die Kuvertüre auf dem Schneidbrett, gibst sie in die kleine Schüssel und setzt diese in den Kochtopf. Gieß ein wenig Wasser in den Topf, und bring es zum Kochen. Wenn die Kuvertüre geschmolzen ist, rührst du sie einmal um.

11. Hol die Plätzchen aus dem Backofen, und laß sie etwas abkühlen. Dann tauchst du eine Hälfte in die Kuvertüre und läßt die Marzipanhäubchen danach auf einem Bogen Backpapier trocknen.

Möhren-makronen

Für 2 Backbleche

Das sind die Zutaten:
230 g Zucker
560 g Sonnenblumenkerne
3 Eiweiße
200 g Möhren
3 EL Speisestärke
2 EL Honig
200 g Sonnenblumenkerne
etwa 50 runde Oblaten

Diese Dinge sollten nicht fehlen:
1 Küchenwaage
1 Kochtopf
1 Mandelmühle
1 Rührlöffel
1 Sparschäler oder kleines Küchenmesser
1 Reibe
1 Eßlöffel
1 Spritzbeutel
Backpapier
2 Backbleche
2 Topflappen
1 Kochlöffel

1. Dieses gesunde Gebäck schmeckt nicht nur am Nachmittag in der Adventszeit, sondern ist auch ein willkommener Snack nach dem Sport. Wenn du alle Zutaten neben dir auf der Arbeitsfläche stehen hast, wiegst du sie zunächst einmal genau ab.

2. Den abgewogenen Zucker schüttest du dann sorgfältig in den Topf.

3. Die Sonnenblumenkerne mußt du mit der Mandelmühle sehr fein mahlen. Nimm von dieser Menge 200 Gramm ab, und leg sie beiseite.

4. Die restlichen gemahlenen Sonnenblumenkerne sowie die Eiweiße gibst du zum Zucker und rührst alles einmal um.

5. Die Möhren mußt du schälen und anschließend sehr fein reiben. Wieg sie dann erst ab. Du brauchst nämlich genau 110 Gramm. Gib auch sie zusammen mit der Speisestärke und dem Honig in den Kochtopf.

6. Alle Zutaten mußt du nun bei mittlerer Hitze erwärmen, vergiß aber bitte nicht das Umrühren.

7. Von den beiseite gelegten, gemahlenen Sonnenblumenkernen gibst du jetzt soviel zu der Teigmasse, bis ein spritzfähiger Teig entsteht. Das heißt, er darf nicht zu weich, aber auch nicht zu fest sein.

8. Den warmen Teig füllst du jetzt in den Spritzbeutel.

9. Leg je einen Bogen Backpapier auf die Backbleche, und setz darauf die Oblaten.

10. Halt den Spritzbeutel oben zu, und drück mit der anderen Hand vorsichtig kleine Häufchen auf die Oblaten.

11. Die Häufchen garnierst du mit den ganzen Sonnenblumenkernen.

12. Dann ab damit in den vorgeheizten Ofen. Gebacken werden die Makrönchen bei etwa 180 Grad (Gas: Stufe 2) 20 bis 25 Minuten. Nachdem du das Blech in den Ofen geschoben hast, klemmst du den hölzernen Kochlöffel zwischen Backofen und Ofentür.

Dattel-makronen

Für 2 Backbleche

Das sind die Zutaten:

125 g Butter
250 g Kernige Haferflocken
250 g Datteln
2 Eier
100 g Zucker
1 P. Vanillezucker
½ TL Backpulver

Diese Dinge sollten nicht fehlen:

1 Küchenwaage
1 Kochtopf
1 Rührlöffel
1 Schneidbrett
1 Messer
1 Rührschüssel
2 Backbleche
Backpapier
2 Teelöffel
2 Topflappen

1. Alle Zutaten stehen vor dir? Dann wieg sie ab, und gib die Butter in den Kochtopf.

2. Bei mittlerer Hitze läßt du dann die Butter schmelzen und rührst die Haferflocken darunter. Stell den Topf beiseite, und laß die gebutterten Haferflocken abkühlen.

3. Inzwischen kannst du die Steine aus den Datteln herausholen und die Früchte in kleine Würfel schneiden.

4. In der Rührschüssel mischst du die Eier mit dem Zucker, dem Vanillezucker und dem Backpulver. Gib nun die gewürfelten Datteln und die abgekühlten Kernigen Haferflocken dazu. Alles noch einmal gründlich umrühren.

5. Leg auf jedes Backblech einen Bogen Backpapier und setz mit zwei Teelöffeln kleine Häufchen darauf.

6. Die Dattelmakronen werden im vorgeheizten Backofen bei 180 Grad (Gas: Stufe 2) 15 bis 20 Minuten gebacken.

Hafer-crossies

Für 2 Backbleche

Das sind die Zutaten:
200 g Vollmilchkuvertüre
100 g Halbbitterschokolade
100 g gehackte Mandeln
1 EL Zucker
1 EL Butter
100 g Haferflakes
(z. B. von Kölln)

Diese Dinge sollten nicht fehlen:
1 Küchenwaage
1 Schneidbrett
1 Messer
1 Schälchen
1 Topf
1 Rührlöffel
1 große Bratpfanne
2 Teelöffel
Backpapier
2 Backbleche
etwa 40 Pralinenhütchen

1. Diese knusperzarten Crossies werden nicht gebacken. Wenn du alle Zutaten beisammen hast, wieg sie ab, und schneid zunächst die Vollmilchkuvertüre auf dem Brett mit dem Messer in große Würfel.

2. Gib die Würfel in das kleine Schälchen. Die Halbbitterschokolade teilst du in ihre Segmente und gibst sie zu der Kuvertüre.

3. Erhitz in dem Kochtopf etwas Wasser, setz anschließend das Schälchen mit der Kuvertüre und der Schokolade hinein, und laß beides langsam schmelzen.

4. Inzwischen gibst du die Mandeln zusammen mit dem Zucker und der Butter in eine Pfanne und röstest sie dann goldgelb.

5. Füg nun die geschmolzene Schokolade und die Haferflakes hinzu, und misch alles gut miteinander.

6. Mit zwei Teelöffeln setzt du kleine Häufchen auf die mit Backpapier ausgelegten Backbleche.

7. Laß die Hafercrossies einige Stunden an einem kühlen Ort erstarren. Dann kannst du sie in die Pralinenhütchen setzen.

Wenn du willst und etwas geschickt bist, kannst du aus Alufolie auch selbst viele kleine Förmchen basteln.

Früchte-lebkuchen

Für 1 Backblech

Das sind die Zutaten:

50 g Honig, 50 g Butter
3 Eier, 150 g Zucker
200 g Mehl
200 g Haferflocken
2 TL Lebkuchengewürz
100 g Rosinen
1 ½ TL Hirschhornsalz
1 Btl. Zitronenaroma
50 g Zitronat, 100 g Feigen
100 g Mandeln
200 g Puderzucker
1 EL Milch, 2 EL Zitronensaft

Diese Dinge sollten nicht fehlen:

1 Küchenwaage
1 Kochtopf
1 Rührlöffel
1 Rührschüssel
1 elektrischer Küchenquirl
1 Tasse, 1 Teelöffel
Schneidbrett
Messer
Backpapier
1 Backblech, 1 Sieb
1 kleine Schüssel
1 Eßlöffel
1 Küchenpinsel
2 Topflappen

1. Such dir alle Zutaten zusammen, und wieg sie ab.

2. Zuerst gibst du den Honig und die Butter in den Topf und erwärmst beides so lange, bis sich die Zutaten gemischt haben. Einmal umrühren und beiseite stellen.

3. Nun gib die Eier und den Zucker in die Rührschüssel, und rühr beides mit dem elektrischen Küchenquirl schaumig.

4. Füg das Mehl, die Haferflocken, das Lebkuchengewürz und die Rosinen hinzu, und rühr alles einmal um.

5. Gib das Hirschhornsalz mit ganz wenig Wasser in die Tasse, rühr einmal um, und gieß es über den Teig.

6. Füg nun die abgekühlte Honig-Butter-Masse, das Zitronenaroma, gehacktes Zitronat zum Teig hinzu.

7. Die Feigen halbierst du, entfernst den Stein und schneidest die getrockneten Früchte in kleine Würfel. Gib alles zusammen mit den gehackten Mandeln zum Teig.

8. Streich deinen Teig auf das mit Backpapier ausgelegte Backblech, und schieb es in den vorgeheizten Ofen. Gebacken wird bei 190 Grad (Gas: Stufe 2–3) ungefähr 25 bis 30 Minuten.

9. Inzwischen verrührst du den gesiebten Puderzucker mit der Milch und etwas Zitronensaft. Damit bestreichst du die fertig gebackenen und noch heißen Lebkuchen.

10. Laß die fruchtigen Lebkuchen abkühlen, und schneid sie in mehrere kleinere Quadrate.

Schokies

Für 1 Backblech

Das sind die Zutaten:

125 g Butter
175 g Zucker
3 Eier
2 EL Kakaopulver
150 g Mehl
50 g Sonnenblumenkerne
1 Btl. dunkle Kuchenglasur
5 EL Sonnenblumenkerne

Diese Dinge sollten nicht fehlen:

1 Küchenwaage
1 Rührschüssel
1 elektrischer Küchenquirl
1 Eßlöffel
1 Schneidbrett
1 Messer
etwas Alufolie
1 Backblech
Backpapier
1 Topf
1 Küchenpinsel
2 Topflappen

1. Dieses feine Gebäck ist besonders in Amerika beliebt. Such dir alle Zutaten, und wieg sie ab.

2. Zunächst gibst du die Butter und den Zucker in die Rührschüssel und rührst beides mit dem elektrischen Küchenquirl sehr schaumig. Dann fügst du die Eier, den Kakao sowie das Mehl hinzu und mischst alles anschließend sehr gründlich miteinander.

3. Die Sonnenblumenkerne schneidest du auf dem Brett mit dem Messer nicht zu fein und gibst sie zum Schluß zu dem Teig. Noch einmal mußt du alles mischen.

4. Aus der Alufolie bastelst du dir einen Falz von der Länge einer Schmalseite des Backblechs.

5. Leg nun einen Bogen Backpapier auf das Backblech, und setz den Streifen Alufolie im Abstand von 12 Zentimetern vom Rand auf das Backblech.

6. Streich den Teig darauf, und schieb das Backblech in den vorgeheizten Ofen. Gebacken werden die Schokies bei etwa 180 Grad (Gas: Stufe 2) 15 bis 18 Minuten.

7. Das heiße Gebäck mußt du in schmale Streifen schneiden und abkühlen lassen.

8. Erwärm die Kuchenglasur nach Packungsanleitung in dem Topf, und bestreich mit dem Pinsel die Oberfläche der Schokies. Bevor die Glasur fest wird, streust du einige Sonnenblumenkerne darauf.

Dünner Hans und dicke Grete

Für 2 Figuren

Das sind die Zutaten:
250 g Honig
100 g Zucker
500 g Mehl
1 P. Backpulver
1 Pr. Salz
1 TL Kakaopulver
1 Eigelb, 2 EL Wasser
3 EL Milch
200 g Puderzucker
1 Eiweiß, Gebäckschmuck
Dekorherzen
Perlenzauber

Diese Dinge sollten nicht fehlen:
1 Küchenwaage, 1 Topf
1 Teelöffel, 1 Eßlöffel
1 Rührschüssel
1 Rührlöffel, Klarsichtfolie
Butterbrotpapier
1 Bleistift, 1 kleine Schere
1 scharfes Messer
Backpapier, 1 Backblech
1 Küchenpinsel
1 Teigroller
1 Schälchen, 1 Sieb
1 Gefrierbeutel
2 Topflappen

1. Gib zunächst den Honig und den Zucker in den kleinen Topf, und erwärm beides bei mittlerer Temperatur. Einmal umrühren und dann abkühlen lassen.

2. Nun kommen das Mehl, das Backpulver, Salz, Kakao, Eigelb und das Wasser in die Rührschüssel. Misch alles mit dem Rührlöffel, und gib dann die Honig-Zucker-Masse dazu. Knet den Teig kräftig durch, und roll ihn dann zwischen Klarsichtfolie 1 Zentimeter dick aus.

3. Auf Butterbrotpapier (oder auch auf ein Stückchen Pappe) malst du dir einen dünnen Hans, er soll etwa 34 Zentimeter hoch und 10 Zentimeter breit sein. Die Grete ist 16 Zentimeter hoch und 14 Zentimeter breit. Schneid beide Figuren aus.

4. Leg die Schablonen auf den ausgerollten Teig, und fahr die Konturen mit deinem Messer nach.

5. Nun leg die Figuren auf das mit Backpapier ausgelegte Backblech.

6. Nun werden die Figuren mit etwas Milch bestrichen und das Blech in den vorgeheizten Backofen geschoben. Gebacken wird bei 220 Grad (Gas: Stufe 4) 10 bis 25 Minuten.

7. Für den Guß verrührst du den gesiebten Puderzucker mit dem Eiweiß im Schälchen und füllst diese Masse in den Gefrierbeutel.

8. Wenn die Figuren abgekühlt sind, schneidest du in eine untere Ecke des Gefrierbeutels ein winziges Loch und verzierst damit die beiden Figuren. Zum Schluß dekorierst du die beiden mit dem Gebäckschmuck.

Skateboard-Niko

Für 5 Weihnachtsmänner

Das sind die Zutaten:
360 g Honig, 140 g Zucker
750 g Mehl
2 TL Backpulver
1 Pr. Salz, ½ TL Zimtpulver
20 g Kakaopulver
2 Eigelbe
2–3 P. Zitronenglasur
6–8 EL Wasser
1 P. Lebensmittelfarbe
(z. B. von Schwartau)
1 Dose Dekorschnee

Diese Dinge sollten nicht fehlen:
1 Küchenwaage
1 Topf, 1 Rührlöffel
1 Rührschüssel
1 Teelöffel
Klarsichtfolie
1 Teigroller, 1 Bleistift
etwas Butterbrotpapier
1 Schale
1 scharfes Messer
Backpapier
2 Backbleche
4 kleine Schüsseln
1 Sieb, 1 Küchenpinsel
2 Topflappen

1. Zuerst gibst du den Honig und den Zucker in einen Topf und löst beides bei geringer Hitze auf. Anschließend abkühlen lassen.

2. In die Rührschüssel kommen das Mehl, das Backpulver, Salz, Zimtaroma oder Zimt, Kakao, die beiden Eigelbe sowie die abgekühlte Honig-Zucker-Masse. Gib erst sechs Eßlöffel Wasser hinzu, und verknet alle Zutaten zu einem glatten Teig.

3. Stell den Teig in der Schüssel für 60 Minuten kühl.

4. Teil den Teig zunächst in drei Stücke, und roll ein Stück zwischen Klarsichtfolie etwa 0,5 Zentimeter dick aus.

5. Laß den Teig etwas ruhen, und übertrag die Vorlage von Seite 64 mit dem Bleistift auf einen Bogen Butterbrotpapier, schneid sie sorgfältig aus.

6. Leg den Niko auf den Teig, und fahr die Konturen mit dem scharfen Messer nach.

7. Nun leg den Nikolaus und seine vier oder fünf Brüder auf ein mit Backpapier ausgelegtes Backblech.

8. Gebacken wird der fidele Kerl bei 200 Grad (Gas: Stufe 3) 12 bis 15 Minuten.

9. Bevor du mit dem „Bemalen" beginnen kannst, läßt du die Nikoläuse abkühlen.

10. Inzwischen kannst du die Packungen Zitronenglasur schon einmal anrühren.

11. Verteil in jedes Schälchen etwas von der Glasur, und färb den Guß nach Belieben oder nach der Vorlage mit etwas Speisemittelfarbe. Nun trag diesen bunten Guß mit einem Küchenpinsel auf. Zum Schluß kannst du den Skateboard-Niko noch mit etwas Dekorschnee bestäuben.